地之所载，
六合之间，
四海之内，
照之以日月，
经之以星辰，
纪之以四时，
要之以太岁，
神灵所生，
其物异形，
或夭或寿，
唯圣人能通其道。

——海外南经

百绘山海经

林海　绘著

化学工业出版社
·北京·

图书在版编目（CIP）数据

百绘山海经 / 林海 绘著
—北京：化学工业出版社，2019.8（2023.10重印）
ISBN 978-7-122-34682-7
Ⅰ.① 百… Ⅱ.① 林… Ⅲ.① 历史地理-中国-古代
②《山海经》-图解 Ⅳ.① K928.626-64

中国版本图书馆CIP数据核字（2019）第111485号

责任编辑：李彦芳　尹琳琳
书籍设计：尹琳琳
责任校对：王素芹

出版发行：化学工业出版社
（北京市东城区青年湖南街13号
邮政编码100011）
印　　装：北京宝隆世纪印刷有限公司

889mm×1194mm　1/16　印张16
字数 243 千字
2023年10月北京 第1版第9次印刷

购书咨询：010-64518888
售后服务：010-64518899
网　　址：http://www.cip.com.cn
凡购买本书，如有缺损质量问题，本社销售中心负责调换。

定　　价：149.00元　　

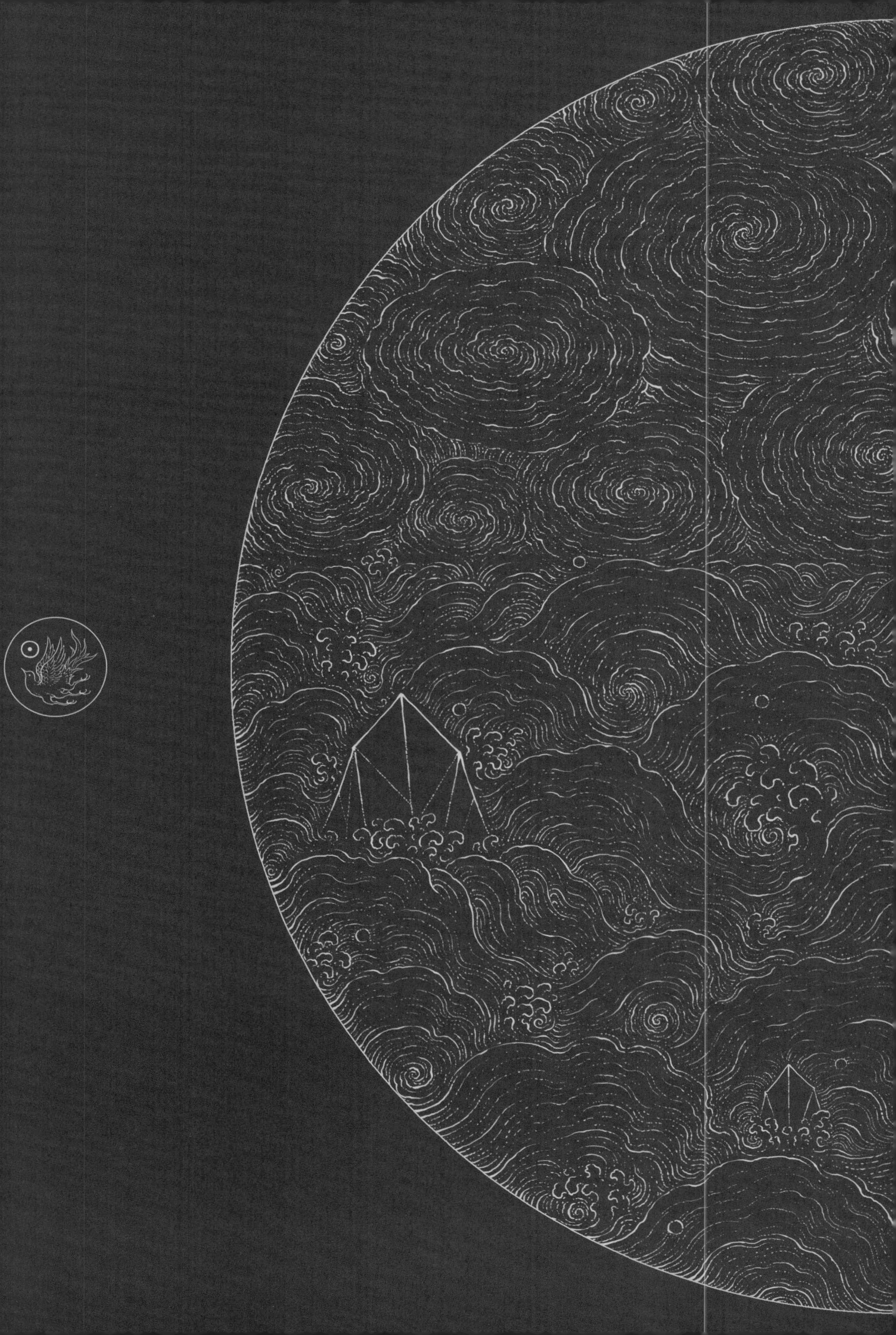

中山经
海内经
海外经
荒经

东山经
北山经
西山经
南山经

南山经

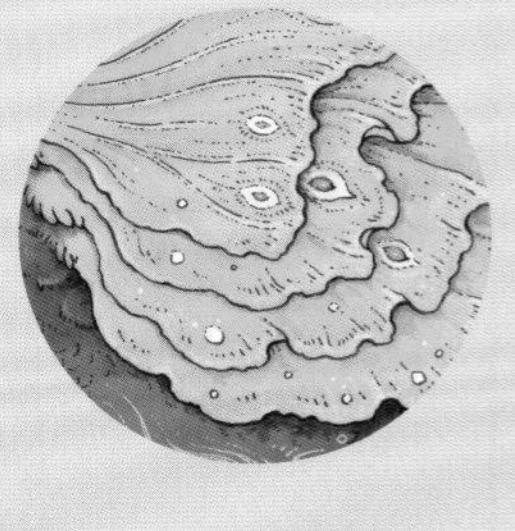

西山经

北山经

东山经

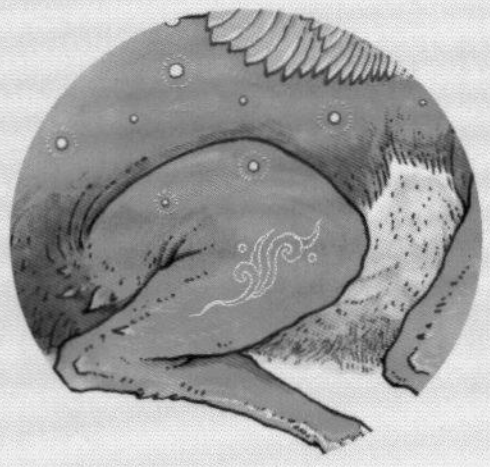

○
中山经
○

○
海外经
○

目录

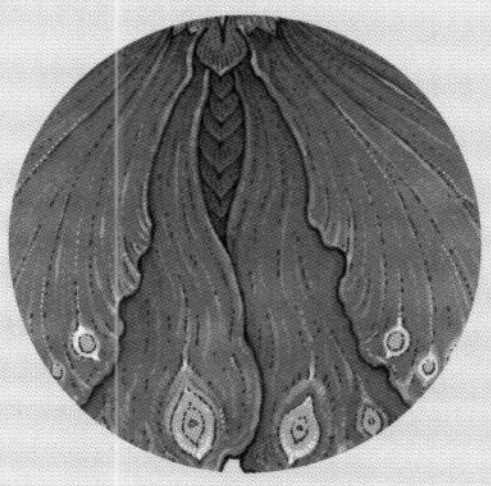

海内经

荒经

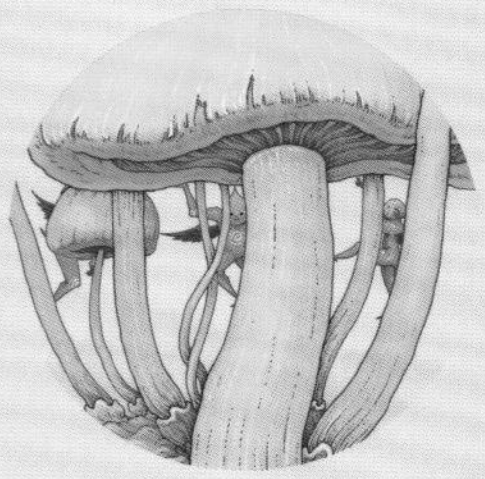

长右
灌灌
旋龟
鴸
鹿蜀
猾褢

南山经

《南山经》是整部《山海经》首篇，包含首经、南次二经、南次三经三部分。共收录招摇山、堂庭山、青丘山、祷过山等四十座山，以及山间众多的川泽草木、灵兽异禽，还包括各方山神和祭祀活动。《南山经》中记录的九尾狐和凤皇，穿越茫茫时空，成为华夏文明中鲜活的元素，源远流长，依然活跃在当今的文学影视作品中。

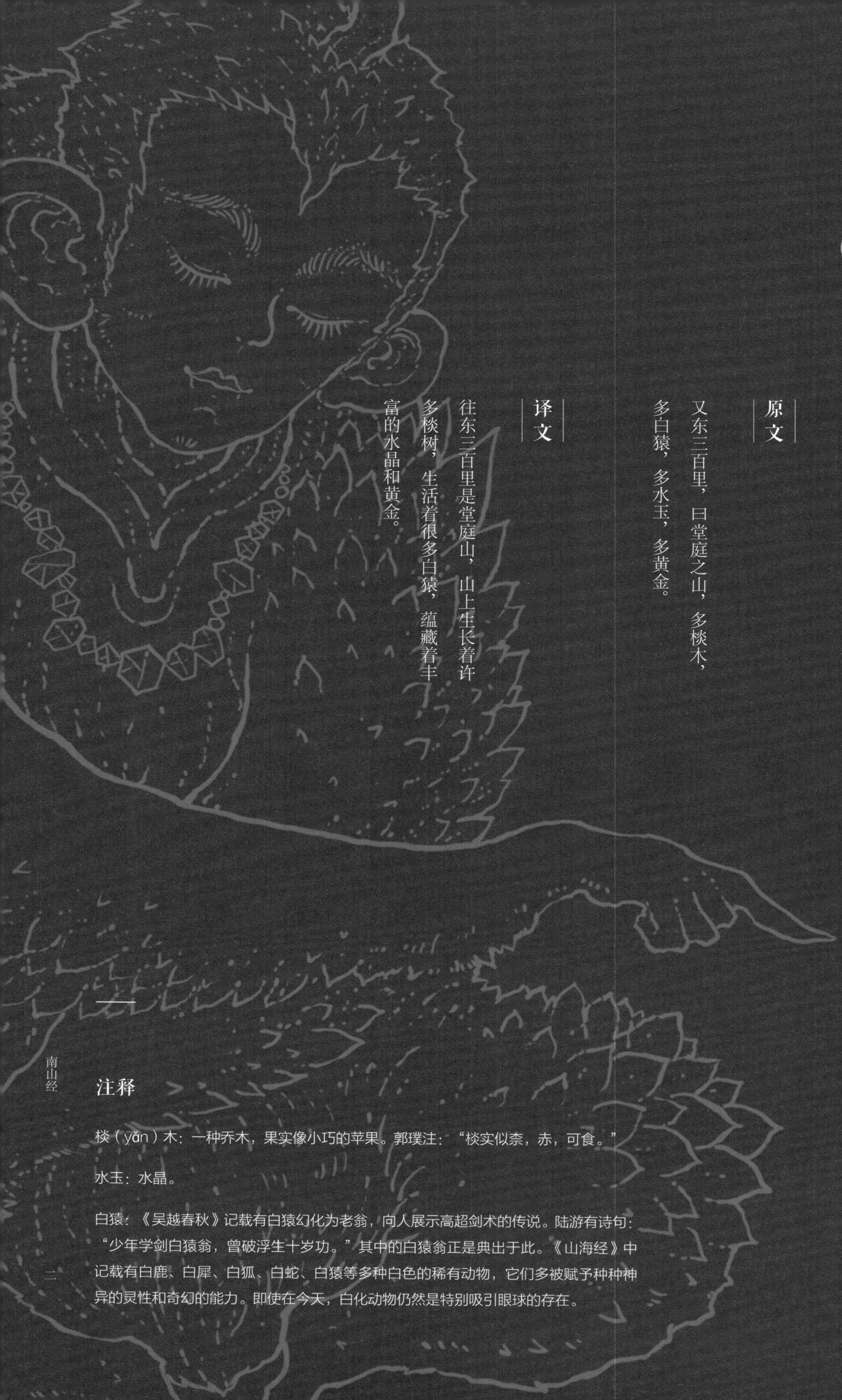

白猿

原文

又东三百里，曰堂庭之山，多棪木，多白猿，多水玉，多黄金。

译文

往东三百里是堂庭山，山上生长着许多棪树，生活着很多白猿，蕴藏着丰富的水晶和黄金。

注释

棪（yǎn）木：一种乔木，果实像小巧的苹果。郭璞注：“棪实似柰，赤，可食。”

水玉：水晶。

白猿：《吴越春秋》记载有白猿幻化为老翁，向人展示高超剑术的传说。陆游有诗句：“少年学剑白猿翁，曾破浮生十岁功。”其中的白猿翁正是典出于此。《山海经》中记载有白鹿、白犀、白狐、白蛇、白猿等多种白色的稀有动物，它们多被赋予种种神异的灵性和奇幻的能力。即使在今天，白化动物仍然是特别吸引眼球的存在。

白猿

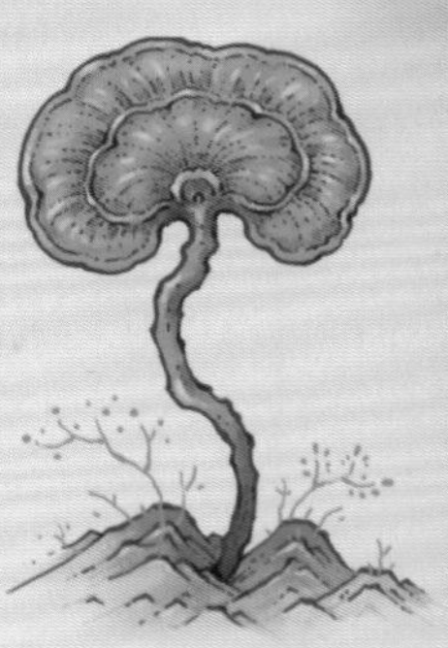

堂庭

旋龟

原文

（杻阳之山）怪水出焉，而东流注于宪翼之水。其中多玄龟，其状如龟，而鸟首虺尾，其名曰旋龟，其音如判木，佩之不聋，可以为底。

译文

怪水发源于杻阳之山，向东流去，注入宪翼河。宪翼河中生活着许多旋龟，形体像乌龟，却长着鸟的头和蛇的尾巴。它的叫声像剖开木头时发出的声音，佩戴它不仅可以治疗耳聋，而且可以消除脚底的老茧。

注释

玄：指黑色。《说文解字》中记载，“黑而有赤色者为玄”。

虺（huǐ）：指毒蛇，毒虫。南朝梁任昉《述异记》记载，“虺五百年化为蛟”。

判：此处指剖开木头。

底：同胝（zhī），指足底的茧子。

旋龟：龟以其特有的长寿、安然等特征被视为传统四灵（麟、凤、龟、龙）之一，在所有有介甲的动物中，龟为百介之长。旋龟是一种集合了龟、鸟、蛇三种动物特征的动物，也作“玄龟”，是中国志怪文学中非常有灵性的瑞兽。《拾遗记》记载：禹尽力沟洫，导川夷岳，黄龙曳尾于前，玄龟负青泥于后。玄龟帮助大禹治理天下水患的传说成为大禹治水不可或缺的情节之一。

瞿如

原文

东五百里，曰祷过之山，其上多金玉，其下多犀兕，多象。有鸟焉，其状如䴔，而白首三足人面，其名曰瞿如，其鸣自号也。

译文

再往东五百里，有座山，叫祷过山，山上盛产各种金属矿物和美玉，山下生活着许多犀牛和大象。有一种鸟，长得像水鸟䴔。它有白色的头，三只脚，还长了人的脸，名叫瞿如，这种鸟的叫声听起来像是在自呼其名。

注释

兕（sì）：指犀牛。

䴔（jiāo）：古书上说的一种水鸟。

瞿（qú）：《说文解字》中记载，“瞿，鹰隼之视也”。《竹书记年》中记载殷商第二十八任君主武乙的名字就是“瞿”。“瞿”是一个很古老的汉字，瞿字在甲骨文中的字形是人的两只眼睛并列，在后来的字形演变中逐渐加入代表禽鸟的下半部分，即“隹”（zhuī）。《山海经》中描述的瞿如恰恰是一种人面鸟。

赤鱬

原文

（青丘之山）英水出焉，南流注于即翼之泽，中多赤鱬，其状如鱼而人面，其音如鸳鸯，食之不疥。

译文

英水发源于青丘山，向南流去，注入即翼泽里，水中生活着许多赤鱬。它们长得像鱼，却长着人的脸，鸣叫的声音像鸳鸯的声音，吃了它的肉能治疗疥疮病。

注释

鱬（rú）：《康熙字典》解释为“鱼名，鱼身人面。”赤鱬也可能是古人对鲵、娃娃鱼这类两栖类动物的描述。

多种形态、功能各异的神奇鱼类在《山海经》中频频出现，这种人首鱼身或人面鱼身的极具想象力的形象，在许多古代文明中都出现过。由此推断，上古时代的溪川湖海、深渊大泽应该有不一样的风貌。即翼之泽，是一个很美的名称。

鯥

原文

又东三百里柢山，多水，无草木。有鱼焉，其状如牛，陵居，蛇尾有翼，其羽在魼下，其音如留牛，其名曰鯥，冬死而夏生，食之无肿疾。

译文

再往东三百里是柢山，山上多水，没有植物。山中有一种鱼，长得像牛，住在山上。这种鱼长着蛇的尾巴，鸟的翅膀，肋下长有羽毛，声音像耕牛叫，名字叫鯥，冬天会冬眠，天气转暖又会复苏，吃了它的肉可以治疗肿病。

注释

鯥（lù）：这是一种具备鱼、牛、蛇、鸟四种动物特征的怪鱼。柢山虽多水，鯥鱼却是“陵居”，生活在陆地上。

魼（xié）：同胠（qū），指腋下、肋下。

冬死而夏生：郭璞注为“此亦蛰类也，谓之死者，言其蛰无所知，如死耳。”这应该是对动物冬眠现象的一种描述，可见鯥独特的生活习性。

柢山

九尾狐

原文

又东三百里，曰青丘之山，其阳多玉，其阴多青雘。有兽焉，其状如狐而九尾，其音如婴儿，能食人，食者不蛊。

译文

再往东三百里，有座青丘山，山的南面多产玉石，北面多产青色颜料矿石。山上有一种动物，长得像狐狸，但是有九条尾巴，叫声像婴儿，会吃人。吃了九尾狐的肉可以免受邪气的蛊惑。

注释

雘（huò）：可以做颜料的矿石。《山海经》中多次出现青雘和丹雘，分指青红两色的矿石。

蛊：郭璞注为“啖其肉令人不逢妖邪之气，或曰：蛊，蛊毒。”同时蛊也有指腹中寄生虫的意思。《山海经》中记载了多种山精海怪或矿石植物具有“食之不蛊”“服之不蛊”的效用，这说明上古时代巫神一体、巫术盛行，人们盼望避免巫蛊的毒害。

九尾狐：北宋郭茂倩《乐府诗集》收录有先秦《涂山歌》，其内容为“绥绥白狐，九尾庞庞。成于家室，我都攸昌。”《吕氏春秋》记载：“禹年三十未娶。行涂山。恐时暮失嗣。辞曰：吾之娶必有应也。乃有白狐九尾而造于禹。禹曰：白者，吾服也。九尾者，其证也。于是涂山人歌曰云云。于是娶涂山女。”大禹三十岁时仍未成婚，说自己的姻缘一定会有灵应，随之就有九尾白狐来访。依据这两则记载，说明九尾白狐的神话传说可以上溯到大禹时代，大禹的服装颜色也是白色，他同涂山女的姻缘也是由九尾狐带来的。九尾狐作为一种源远流长的灵兽，是《山海经》中最知名的妖怪之一。

青丘

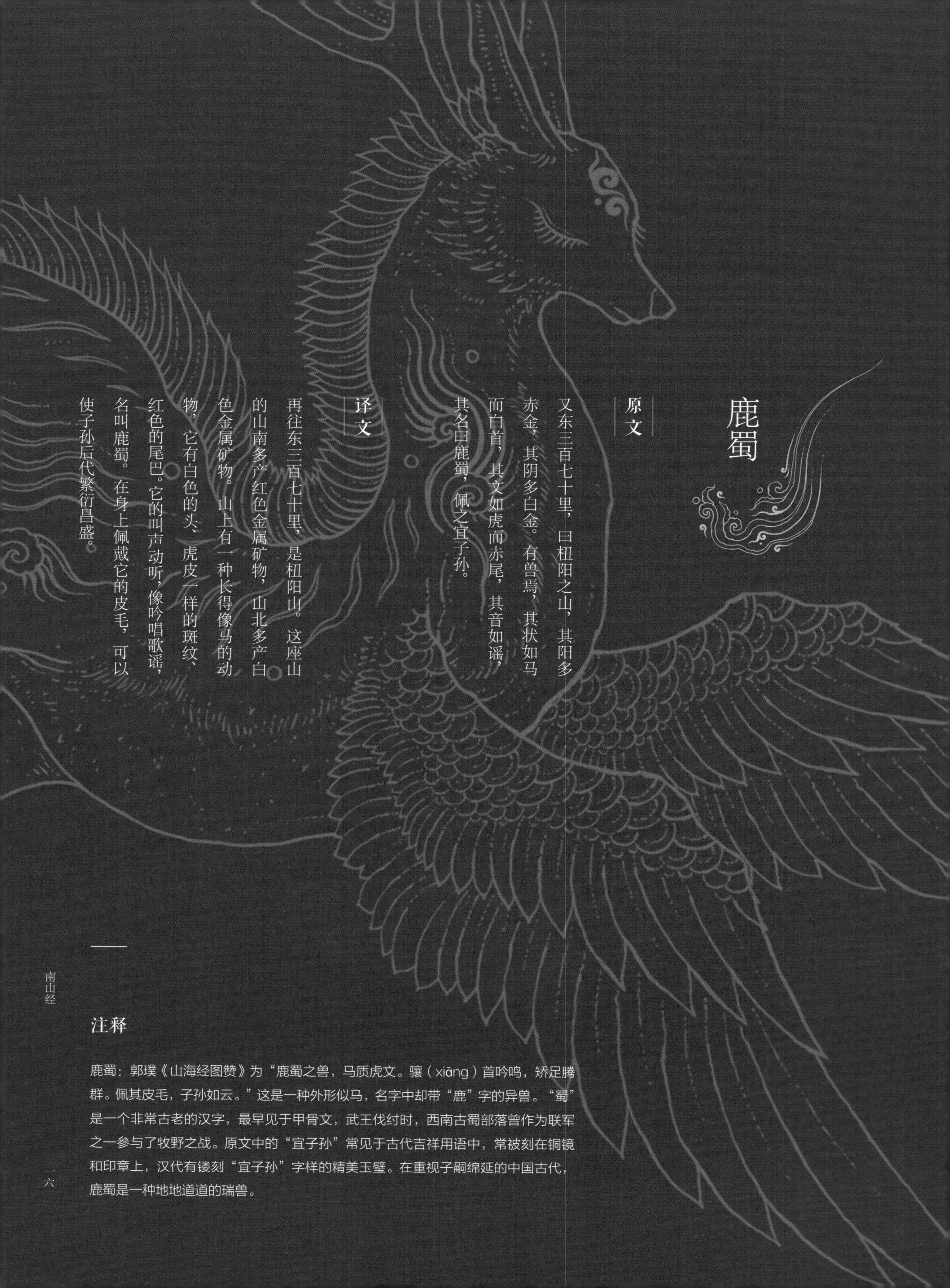

鹿蜀

原文

又东三百七十里，曰杻阳之山，其阳多赤金，其阴多白金。有兽焉，其状如马而白首，其文如虎而赤尾，其音如谣，其名曰鹿蜀，佩之宜子孙。

译文

再往东三百七十里，是杻阳山。这座山的山南多产红色金属矿物，山北多产白色金属矿物。山上有一种长得像马的动物，它有白色的头、虎皮一样的斑纹、红色的尾巴。它的叫声动听，像吟唱歌谣，名叫鹿蜀。在身上佩戴它的皮毛，可以使子孙后代繁衍昌盛。

注释

鹿蜀：郭璞《山海经图赞》为“鹿蜀之兽，马质虎文。骧（xiāng）首吟鸣，矫足腾群。佩其皮毛，子孙如云。”这是一种外形似马，名字中却带“鹿”字的异兽。“蜀”是一个非常古老的汉字，最早见于甲骨文，武王伐纣时，西南古蜀部落曾作为联军之一参与了牧野之战。原文中的“宜子孙”常见于古代吉祥用语中，常被刻在铜镜和印章上，汉代有镂刻“宜子孙”字样的精美玉璧。在重视子嗣绵延的中国古代，鹿蜀是一种地地道道的瑞兽。

杻陽

狌狌

原文

南山经之首曰䧿山。其首曰招摇之山，临于西海之上，多桂，多金玉。有草焉，其状如韭而青华，其名曰祝馀，食之不饥。有木焉，其状如榖而黑理，其华四照，其名曰迷榖，佩之不迷。有兽焉，其状如禺而白耳，伏行人走，其名曰狌狌，食之善走。

译文

南山经的第一山系叫䧿山。䧿山山系的第一座山是招摇山，这座山坐落在西海边，山上多桂树，多产黄金和玉石。山上生长着一种草，叶子像韭菜，开青色的花，名叫祝馀，吃了它能耐饥。山上生长着一种树，长得像构树，树上有黑色的纹路，开的花闪闪发光，名叫迷榖，佩戴它的枝叶可以不迷路。山中有一种动物，长得像猿，耳朵是白色的，既能四肢伏地行走，又能直立行走，名叫狌狌，吃了它的肉可以让人走得更快。

注释

䧿（què）：同“鹊”。《墨子·鲁问》记载为，“公输子削竹木以为䧿，成而飞之，三日不下。”

华：同“花”。

榖（gǔ）：指构树。构树皮在古代是造纸的重要原料。“佩之不迷”，迷榖树可算是一种“指南树”。

禺（yù）：传说中的一种猿猴。

狌（xīng）：同猩。后人多认同“狌狌”即“猩猩”。“其状如禺”，郭璞注：“禺似猕猴而长，赤目长尾。”由此可见，狌狌善于在悬崖峭壁、溪沟深谷中攀爬奔走，因此，古人说吃了它的肉可以增强行走能力。

䧿山

类

原文

又东四百里，曰亶爰之山，多水，无草木，不可以上。有兽焉，其状如狸而有髦，其名曰类，自为牝牡，食者不妒。

译文

再向东四百里，是亶爰山，山上多水，没有植被，山势陡峭不能攀登。山上有一种动物，长得像山猫，生有长长的毛发，名字叫类。它雌雄同体，吃了它的肉可以治疗嫉妒。

注释

亶（chán）：《康熙字典》据宋代的《集韵》，将其读音注为“时连切，音蝉”，即 chán。亶爰山是䧿山山脉中的一座山。

髦（máo）：指毛发、鬃毛。

牝（pìn）牡（mǔ）：分指雌性和雄性。

类：是一种独特的雌雄同体的异兽，按照现代生物学研究，这种现象多发生在龙虾、牡蛎等海洋生物身上。

亶爰

猼訑

原文

又东三百里，曰基山，其阳多玉，其阴多怪木。有兽焉，其状如羊，九尾四耳，其目在背，其名曰猼訑，佩之不畏。

译文

再往东三百里有座山，叫基山，山的南面多产玉石，山的北面生长着许多怪树。山上有一种动物，长得像羊，却有九条尾巴、四只耳朵。它的眼睛长在背上，名叫猼訑。人们如果把它的皮毛佩戴在身上，就可以无所畏惧。

注释

阴阳：在古文中，对于山脉和河流的“阴”和“阳”，是按照太阳是否可以照射到来划分的，所以山的南面和河的北岸称为阳，山的北面和河的南岸称为阴。

猼（bó）訑（yí）：訑另有读音 dàn。郭璞《山海经图赞》，“猼訑似羊，眼反在背”。这是一种外形似羊，眼睛长在背上的神异动物。《山海经》中有一类灵兽的造型是肢体的复数集合体，比如三首、六目、九尾等，这可能与古人观察群居动物奔跑迁移时出现的视觉错视有关，也有可能是因动物皮毛上的斑斓花纹引发的想象。也或许在上古时代，它们真的存在过。

基山

猼訑

长右

原文

东南四百五十里，曰长右之山，无草木，多水。有兽焉，其状如禺而四耳，其名长右，其音如吟，见则郡县大水。

译文

再向东南方四百五十里，是长右山，山上没有植被，多水系。山里有一种动物，长得像猿猴，却有四只耳朵，名叫长右，叫声像人的呻吟声。它出现的地方，往往会有大水患。

注释

长右：这种神兽的名称与所居的山名相同。郭璞《山海经图赞》，“长右四耳，厥状如猴，实为水祥，见则横流”。它和《中山经》里记载的夫诸一样，是可以征兆水患的灵兽。辛苦治水的大禹可能不喜欢它们的出现。

長右

狸力

原文

南次二经之首，曰柜山，西临流黄，北望诸𣬈，东望长右。英水出焉，西南流注于赤水，其中多白玉，多丹粟。有兽焉，其状如豚，有距，其音如狗吠，其名曰狸力，见则其县多土功。

译文

南方第二山系的第一座山是柜山，西面毗邻流黄酆氏国和流黄辛氏国，向北可以望见诸𣬈山，向东可以望见长右山。英水从这座山发源，流向西南方最终汇入赤水河，水里多产白玉和丹砂。山里有一种动物，长得像小猪，却长了鸡的脚，叫声像狗吠，名字叫狸力。它出现的县里，土木营建的徭役会比较多。

注释

流黄：指《海内西经》与《海内经》中记载的流黄酆（fēng）氏国和流黄辛氏国。

𣬈（pí）：同毗。

狸力：郭璞《山海经图赞》，“狸力鵹鶘，或飞或伏。是惟土祥，出兴功筑。长城之役，同集秦域”。按照郭璞的说法，在秦始皇征发天下徭役修筑长城的时候，长着鸡足的狸力和《东山经》中记载的人足鸟鵹鶘，曾经一起聚集并出现在秦国的国土上。可见它们都有应兆、预测大兴土木徭役的神异功能。在它们身上，可能寄托了古代百姓希望统治者体恤民力、与民休息的愿望。

柢山

灌灌

原文

（青丘之山）有鸟焉，其状如鸠，其音若呵，名曰灌灌，佩之不惑。

译文

青丘山上有一种鸟，长得像斑鸠，叫声像呼喝叫骂声，名叫灌灌，在身上佩戴它的羽毛可以让人不迷惑。

注释

灌灌：郭璞注，灌灌“或作濩濩（huò）”。灌和濩，都可作形容水声的拟声词，这种鸟的名称，可能和它清脆响亮、高亢嘹唳的鸣叫声有关，以至于“其音若呵”，听起来像高声叱责呼喝的声音。《山海经》中有一些以叠字命名的鸟兽，例如灌灌、双双、罗罗等，听起来特别可爱。灌灌和九尾狐分别为一鸟一兽，同出青丘山。

青丘

凤皇

原文

又东五百里，曰丹穴之山，其上多金玉，丹水出焉，而南流注于渤海。有鸟焉，其状如鸡，五彩而文，名曰凤皇，首文曰德，翼文曰义，背文曰礼，膺文曰仁，腹文曰信。是鸟也，饮食自然，自歌自舞，见则天下安宁。

译文

再向东五百里，是丹穴山，山上多黄金和玉石，丹水河从这里发源，往南注入渤海。有一种鸟，长得像鸡，羽毛五彩斑斓且有纹理，名叫凤皇。它头上的纹理像『德』字，翅膀上的纹理像『义』字，背上的纹理像『礼』字，胸脯上的纹理像『仁』字，腹部的纹理像『信』字。这种鸟饮食悠游自在，时时载歌载舞，它一出现便河清海晏、天下太平。

注释

膺（yīng）：指胸部，同成语义愤填膺中的意思。

凤皇：即凤凰，雄性为凤，雌性为凰，是中国古代四灵之一。《礼记》记载：麟、凤、龟、龙谓之四灵，凤为百禽之长。凤的形象非常古老，几乎和中华文明同源，商周青铜器上就有许多凤鸟纹饰，《山海经》中有多处涉及凤皇，虽以不同的名字和形象出现，但都属于凤皇一类，例如《南山经》中的鹓（yuān）鶵（chú）、《海内经》中的翳（yì）鸟等，《大荒北经》中记载有一位九首、人面、鸟身的神明，名叫九凤。

丹穴

猾褢

原文

又东三百四十里，曰尧光之山，其阳多玉，其阴多金。有兽焉，其状如人而彘鬣，穴居而冬蛰，其名曰猾褢，其音如斫木，见则其县有大繇。

译文

再向东三百四十里，是尧光山，山的南面有许多玉石，北面有许多金属矿物。山上有一种动物，长得像人但是却长着猪的鬃毛，住在洞穴里，会冬眠，名字叫猾褢，叫声像砍伐木头的声音。它出现的县里，百姓会有大的徭役。

注释

猾褢（huái）：“褢”同“怀”。郭璞《山海经图赞》为：“猾褢之兽，见则兴役，膺政而出，匪乱不适，天下有道，幽形匿迹。”猾褢“膺政而出”，如果有徭役繁多等乱政出现，它便会应运现身。但当天下得到很好的治理时，它又会“幽形匿迹”，消失不见，体现了其狡猾。同时，猾褢和同出《南山经》中的鯥鱼一样，都存在冬眠现象。

斫（zhuó）木：伐木。

繇（yáo）：同“徭”，指徭役，与毛亨注《诗经·大雅·民劳》中的“繇役烦多”意思相同。清代学者郝懿行注解“县有大繇”在有的版本中作“其县乱”，这与郭璞图赞中的“匪乱不适”相呼应。

虎蛟

原文

（祷过之山）泿水出焉，而南流注于海。其中有虎蛟，其状鱼身而蛇尾，其音如鸳鸯，食者不肿，可以已痔。

译文

泿水河发源于祷过山，向南流入大海。水里有虎蛟这种动物，它长得像鱼，却长了蛇的尾巴，叫声像鸳鸯，吃了它的肉能避免得肿胀病，还可以治疗痔疮。

注释

虎蛟：郭璞注，“蛟似蛇，四足，龙属”。后世认同虎蛟为龙属。传说蛟为龙生命周期中某一段的名称，虺千年为蛟，蛟五百年为龙，龙五百年为角龙（头上长角），千年为应龙（有翼）。《说文解字》记载：“蛟，龙之属也。池鱼满三千六百，蛟来为之长。”这种鱼名字中还有“虎”字，堪称“龙虎之鱼”。

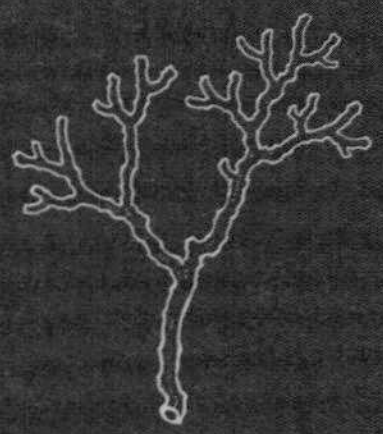

鴸

原文

（柜山）有鸟焉，其状如鸱而人手，其音如痺，其名曰鴸，其名自号也，见则其县多放士。

译文

柜山有一种鸟，长得像鹞鹰，但是却长了人的手，叫声像雌性鹌鹑的声音，听起来像在自呼其名，名叫鴸。它出现的县里，很可能会有士人遭到放逐。

注释

鸱（chī）：古书上指鹞鹰。

痺（bì）：同痹，此处指雌性鹌鹑。

鴸（zhū）：郭璞《山海经图赞》为“彗星横天，鲸鱼死浪。鴸鸣于邑，贤士见放。”在古代，彗星的出现被视为灾祸的象征，郭璞将“鴸”这种长人手的异鸟与之并列，应有为古往今来蒙冤的贤士们鸣不平之意。

柜山

鶺鵂

原文

（基山）有鸟焉，其状如鸡而三首六目，六足三翼，其名曰鶺鵂，食之无卧。

译文

基山有一种鸟，长得像鸡，却有三个头、六只眼睛、六条腿和三只翅膀，名叫鶺鵂，吃了它的肉会让人难以成眠。

注释

鶺（cháng）鵂（fū）：是《山海经》中造型奇幻的鸟的名称，和同出《南山经》的猼訑类似，也是由肢体复数集合而成。《康熙字典》对鶺鵂的注解为："急性无卧，使人少眠。"这可能是一种肢体繁多却精力充沛且好动的鸟，它的肉有类似提神醒脑的作用，功效像茶叶，"破睡当封不夜侯"。

基山

鮭鱼

帝江

羬羊

毕方

冉遗

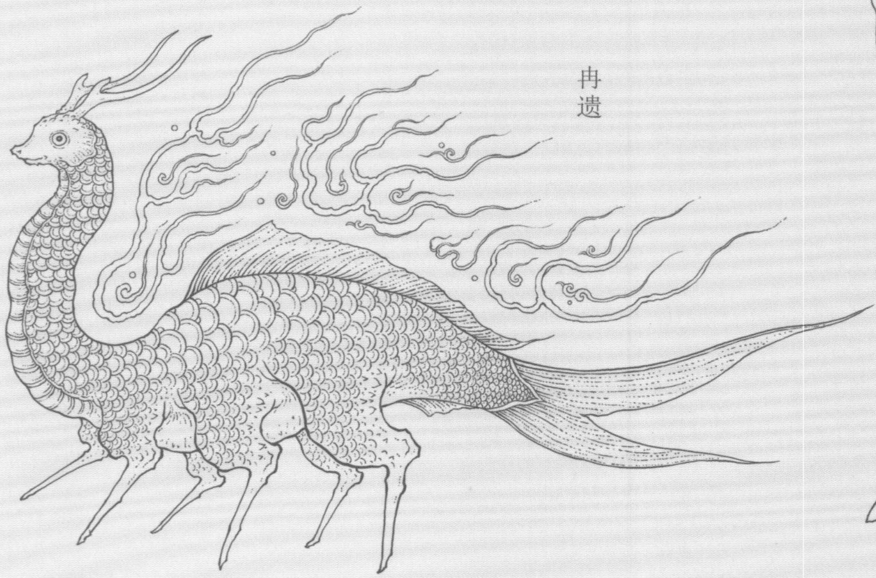

麢

谿边

蠃鱼

西山经

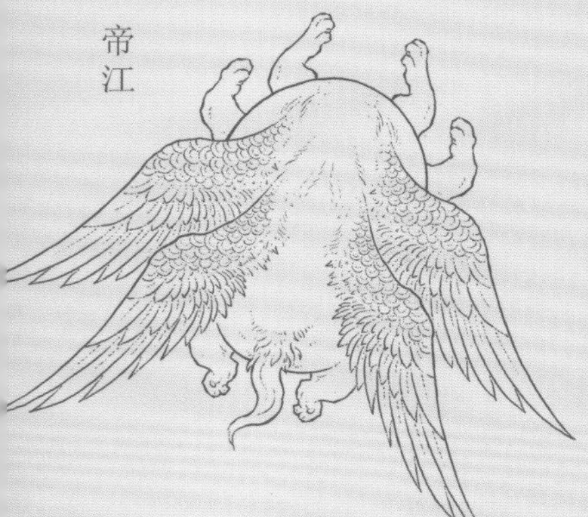

帝江

帝江

《西山经》包含首经、西次二经、西次三经、西次四经四部分。共收录钱来山、松果山、太华山、鹿台山等七十七座山。记录了六足四翼状如黄囊的帝江、鱼身而鸟翼的文鳐鱼、羊身马尾的羬羊、一条腿如鹤状的毕方鸟等许多亦真亦幻的生物。文中提到的豪彘，同今天的豪猪几乎没有区别，是《山海经》中为数不多的可以同现实世界相对应的生物。

文鳐

白鹿

白鹿

原文

又北百二十里，曰上申之山，上无草木，而多硌石，下多榛楛，兽多白鹿。

译文

再向北一百二十里，是上申山，山上没有植物，到处都是大石头，山下生长着很多榛树、楛树，这座山上最多的动物是白鹿。

注释

硌（luò）：山上的大石头。

楛（hù）：木名，其形似荆而赤，茎可做箭竿。

白鹿：《山海经》中记载了许多鹿，同时还有很多动物的名称是以鹿字为偏旁，如麐（yín）、麖（jīng）、麢（líng）等。白鹿被古人视为祥瑞灵兽。东晋葛洪《抱朴子》记载：“鹿寿千岁，满五百岁则白。”这里将鹿的寿命夸大到千岁之久，五百岁时化为白鹿，寓意长寿。宋代林泳有《仙都白鹿歌》，“山中白鹿老而灵，有客有客占鹿鸣”。诗句末尾的“鹿鸣”，典出《诗经·小雅·鹿鸣》，“呦呦鹿鸣，食野之苹”。在古代，鹿鸣还代指科举考试，与之相对的是“鹰扬”。古代有“科举四宴”，分文武两科，文科有鹿鸣宴、琼林宴，武科有鹰扬宴、会武宴。其中“鹿鸣宴”和“鹰扬宴”分指文武举子在乡试中举后参加的宴聚，寓意日后蟾宫折桂、武运昌隆。另据记载，古代有一把名刀叫“白鹿刀”，南朝陶弘景《古今刀剑录》：“后魏宣武帝恪，以景明元年于白鹿山造一刀，文曰‘白鹿’。”“后魏宣武帝恪”指的是北魏宣武帝元恪，他曾经在白鹿山铸造了一把铭刻“白鹿”二字的刀，今天的洛阳古墓博物馆就是以他的陵墓景陵为主体修建的。人事有代谢，往来成古今，不知这把白鹿刀下落何处。

鸱

原文

又西二百二十里，曰三危之山，三青鸟居之。是山也，广员百里……有鸟焉，一首而三身，其状如鸈，其名曰鸱。

译文

再向西二百二十里，名三危山，是为西王母取食的三青鸟栖息的地方。这座山，占地方圆约一百里……山中有一种鸟，长着一个脑袋，三个身体，长得像鸈这种鸟，名字叫鸱。

注释

鸱（chī）：字义指鹞鹰，《西山经》中指一首三身鸟。

三青鸟：郭璞注："三青鸟主为西王母取食者，别自栖息于此山也。"

鸈（luò）：郭璞注为"似雕，黑纹赤颈。"

鸱：创作这个形象时采用平面化处理，用三角形构图，让三个身体之间没有遮挡，幻想这种鸟的飞翔方式是以中间的头为中心旋转式的，如飞碟。

谿边

原文

又西三百五十里，曰天帝之山，上多棕、枏，下多菅、蕙。有兽焉，其状如狗，名曰谿边，席其皮者不蛊。

译文

再向西三百五十里，是天帝之山，山上生长着许多棕树和楠木，山下生长着许多菅草和佩兰。山中有一种动物，长得像狗，名叫谿边，用它的皮毛做席子可以免受巫术蛊害。

注释

谿（xī）：同溪。谿也用于人名，南宋画僧法常，号牧谿，其作品多存于日本，对日本画坛产生深远影响。

枏（nán）：同楠，指楠木。

菅（jiān）：多年生草本植物，质地坚韧，可做刷子。

蕙（huì）：指植物佩兰，一种兰花。

谿边：非常具有清新格调的一个名称，它的长相可爱如狗。郭璞注：谿边“或作谷遗”。也许是传抄过程中出现的讹误。谿边同《南山经》中的九尾狐一样，都有使人“不蛊”——避免巫术蛊害的神奇效用，不过前提是要“席其皮”或“食之”，首先要夺其性命，如同“象有齿而焚其身”，属怀璧其罪。

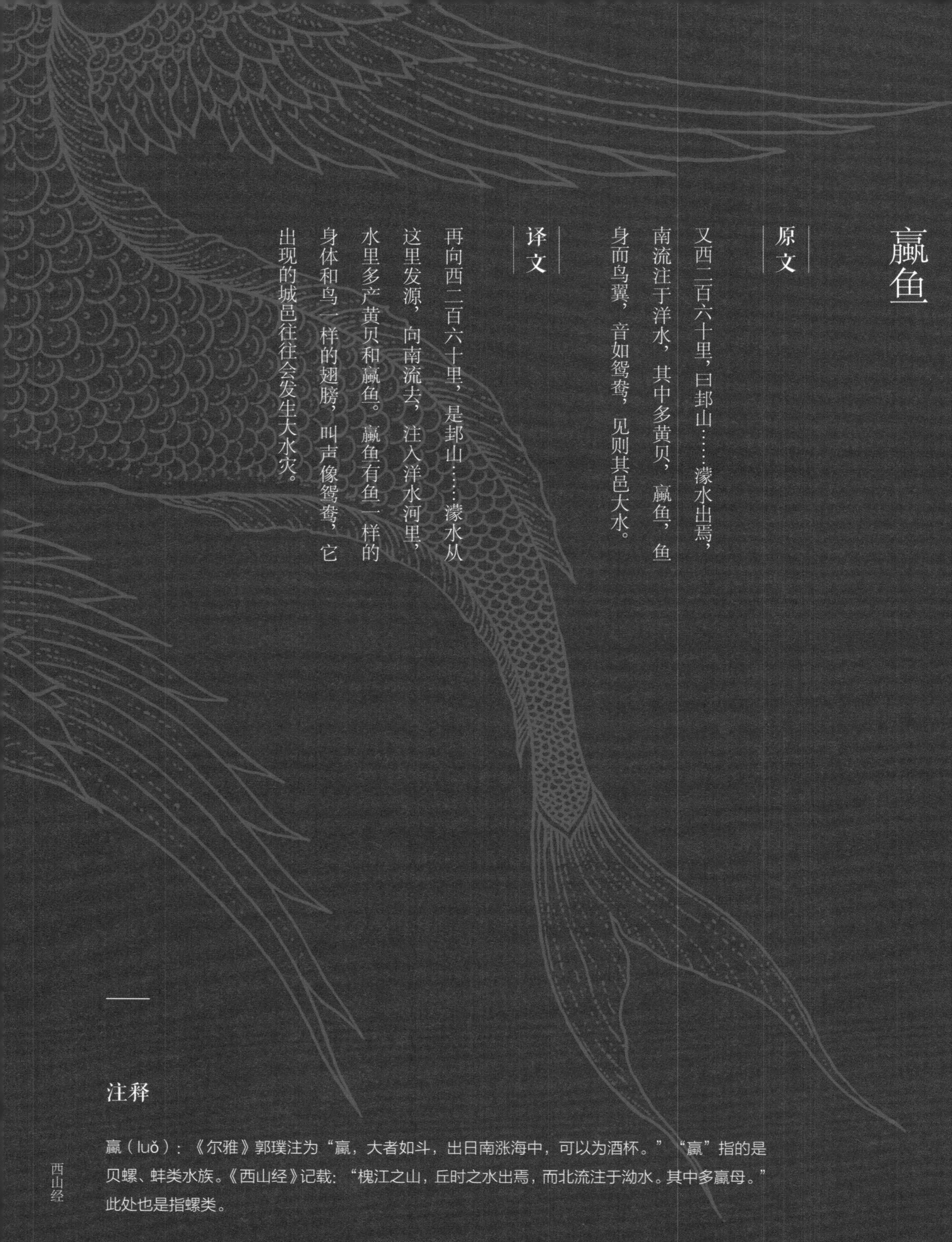

蠃鱼

原文

又西二百六十里，曰邽山……濛水出焉，南流注于洋水，其中多黄贝，蠃鱼，鱼身而鸟翼，音如鸳鸯，见则其邑大水。

译文

再向西二百六十里，是邽山……濛水从这里发源，向南流去，注入洋水河里，水里多产黄贝和蠃鱼。蠃鱼有鱼一样的身体和鸟一样的翅膀，叫声像鸳鸯，它出现的城邑往往会发生大水灾。

注释

蠃（luǒ）：《尔雅》郭璞注为“蠃，大者如斗，出日南涨海中，可以为酒杯。”“蠃”指的是贝螺、蚌类水族。《西山经》记载：“槐江之山，丘时之水出焉，而北流注于泑水。其中多蠃母。”此处也是指螺类。

邽（guī）：古地名，春秋时属秦。

黄贝：郭璞注为一种甲虫。

蠃鱼：蠃鱼和同出《西山经》的文鳐鱼都是鱼身而鸟翼的形象，鸟翼可能是对一些鱼比较大的鱼鳍的想象和演绎。海阔凭鱼跃，天高任鸟飞，飞鸟和游鱼，代表人类需要借助外力才能到达的天空和水域，象征自由。在《山海经》中，有多种神异的动物是鱼鸟两种动物的集合体，有的鱼身鸟翼，有的鱼身鸟首，不一而足，其中《北山经》中的鳛鳛（xí）鱼，甚至长了十个鸟翼，鱼鳞长到了尾羽上。同时，类似的鱼鸟集合形象也存在于世界各地的多种古文明传说中。

帝江

原文

又西三百五十里，曰天山，多金玉，有青雄黄。英水出焉，而西南流注于汤谷。有神焉，其状如黄囊，赤如丹火，六足四翼，浑敦无面目，是识歌舞，实为帝江也。

译文

再向西三百五十里，是天山，山上盛产各种金属矿物和玉石，也出产青色的雄黄矿石。英水从这里发源，向西南方流入汤谷中。有一位神，长得像一个口袋，浑身红得像火，长了六条腿、四只翅膀，五官面目模糊不明，却知道载歌载舞，这位神就是帝江。

注释

青雄黄：雄黄多为黄色，此处指一种青黑色的雄黄。

浑敦：也作“浑沌”，指模糊不明的样子。

帝江：帝江的名称和形象特征是《山海经》中识别度较高的一种灵兽，也作“帝鸿”。郭璞《山海经图赞》：“质则混沌，神则旁通，自然灵照，听不以聪。”帝江虽然没有五官面目，体态浑圆若球，却“神则旁通，自然灵照”，是一位集山川灵气于一身的神明。

羬羊

原文

西山经华山之首，曰钱来之山，其上多松，其下多洗石。有兽焉，其状如羊而马尾，名曰羬羊，其脂可以已腊。

译文

西山经以华山山系为首，其第一座山是钱来山，山上有许多松树，山下多产可以洗澡用的洗石。山中有一种动物，长得像羊，却长了一条马尾巴，名叫羬羊，它的油脂可以起到润肤的作用。

注释

洗石：郭璞注为“澡洗可以磢体去垢圿。”磢（chuǎng），摩擦的意思。商代殷墟遗址考古曾出土了用细腻泥土烧制的陶磢。陶磢上面刻画了细腻的方格形凸起纹饰，经鉴定是洗澡时用来擦除身上污垢的，和“洗石”作用相同。

腊：此处指皮肤干燥皴（cūn）裂起皱。

羬（qián）羊：《尔雅》记载为“羊六尺为羬。”是一种体型比较大的野羊。郭璞《山海经图赞》：“月氏之羊，其类甚野。厥高六尺，尾亦如马。何以审之，事见尔雅。”郭璞将羬羊注解为古代月氏国出产的野羊，月氏音“yuè zhī”，是古代的一个游牧民族，居住在西亚及中国西北地区。

钱来

文鳐

原文

又西百八十里，曰泰器之山。观水出焉，西流注于流沙。是多文鳐鱼，状如鲤鱼，鱼身而鸟翼，苍文而白首赤喙，常行西海，游于东海，以夜飞。其音如鸾鸡，其味酸甘，食之已狂，见则天下大穰。

译文

再向西一百八十里，是泰器山。观水河从这座山发源，向西流淌，最终汇入流沙。水中有许多文瑶鱼，它们长得像鲤鱼，长着鱼一样的身体和鸟一样的翅膀，身上有青苍色的纹理，头是白色的，嘴是红色的，最常活动在西海，也会游到东海去，晚上它们还会在夜空中飞行。叫声像是鸾鸡的鸣叫声，它的肉味道酸甜，吃了可以治疗疯癫病。它出现时，天下就会五谷丰登。

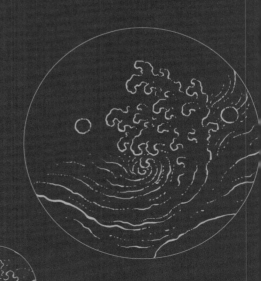

注释

穰（ráng）：指丰收。词语“穰岁”即指丰年。秦国重臣魏冉即获封“穰侯”，曾四次出任秦相。

文鳐：“常行西海，游于东海，以夜飞。”的描述，会让人联想到庄子《逍遥游》中描述的鲲鹏。郭璞《山海经图赞》：“见则邑穰，厥名曰鳐。经营二海，矫翼闲霄。惟味之奇，见叹伊庖。”说这种鱼的肉味之美，连庖厨都会赞叹。在古代，乃至今天，穰穰满家的丰收之喜都是百姓的殷殷期盼，矫翼闲霄的文鳐是一种瑞鱼。

麢

原文

又西二百里，曰翠山，其上多棕、楠，其下多竹、箭，其阳多黄金、玉，其阴多旄牛、麢、麝。

译文

再向西二百里，是翠山，山上有许多棕树和楠木，山下有许多种竹子。山的南面有许多黄金和玉石，山的北面有许多旄牛、麢羊和香獐子。

注释

箭：指箭竹，一种植株较小的竹子。

旄（máo）：指牦牛或牦牛尾，以及古代用牦牛尾装饰的一种旗帜。

麢（líng）：《说文解字》为“麢，大羊而细角。”麢，可能是一种大型羚羊。郭璞注：“麢似羊而大角细食，好在山崖间。”麢类似于分布在我国西部地区，可以在陡峭山崖间攀援站立的岩羊。岩羊也长了一对硕大的羊角。《北山经》也记载：“涿光之山，兽多麢羊。”

翠山

毕方

原文

又西二百八十里，曰章莪之山，无草木，多瑶碧。所为甚怪。……有鸟焉，其状如鹤，一足，赤文青质而白喙，名曰毕方，其鸣自訆也，见则其县有譌火。

译文

再向西二百八十里，是章莪山，山上没有植物，盛产瑶碧等各种美玉。这座山里经常出现一些很奇怪的现象。有一种鸟，长得像鹤，只有一条腿，青色的身体上有红色斑纹，嘴是白色的，名叫毕方，鸣叫声像是自呼其名，它出现的郡县往往会有妖火。

注释

莪（é）：莪蒿，植物名。《诗 · 小雅 · 菁菁者莪》：“菁菁者莪，在彼中沚。”

訆（jiào）：同叫。《说文解字》，“大呼也”。

譌（é）：同讹。

毕方：按照原文描述，毕方是一种独腿鹤。需要注意的是，白鹭等鸟类有时会单腿站立，毕方的来源可能是古人对这一现象的联想和演绎。《海外南经》也记载：“毕方鸟在其东，青水西，其为鸟人面一脚。一曰在二八神东。”这里将毕方描述为人面鸟，一只脚的特征仍然保留。湖北战国曾侯乙墓出土了一尊著名的青铜鹿角立鹤，现藏于湖北省博物馆。这件青铜立鹤体型高大，纹饰精美，鹤首上长了一对昂扬的鹿角，和毕方一样，以鹤为创作原型。这种想象中的造型可能同战国时期的楚地巫神信仰有关系。四川金沙遗址出土有著名的太阳神鸟金箔饰物，上面刻有四只独腿的鸟，和毕方的形象类似。

章莪

䱻鱼

原文

又西三百七十里，曰乐游之山。桃水出焉，西流注于稷泽，是多白玉，其中多䱻鱼，其状如蛇而四足，是食鱼。

译文

再向西三百七十里，是乐游山。桃水河发源于此山，向西流淌，最终汇入稷泽。水中多产白玉，也多产䱻鱼。它长得像蛇，却有四只脚，以水中的鱼类为食。

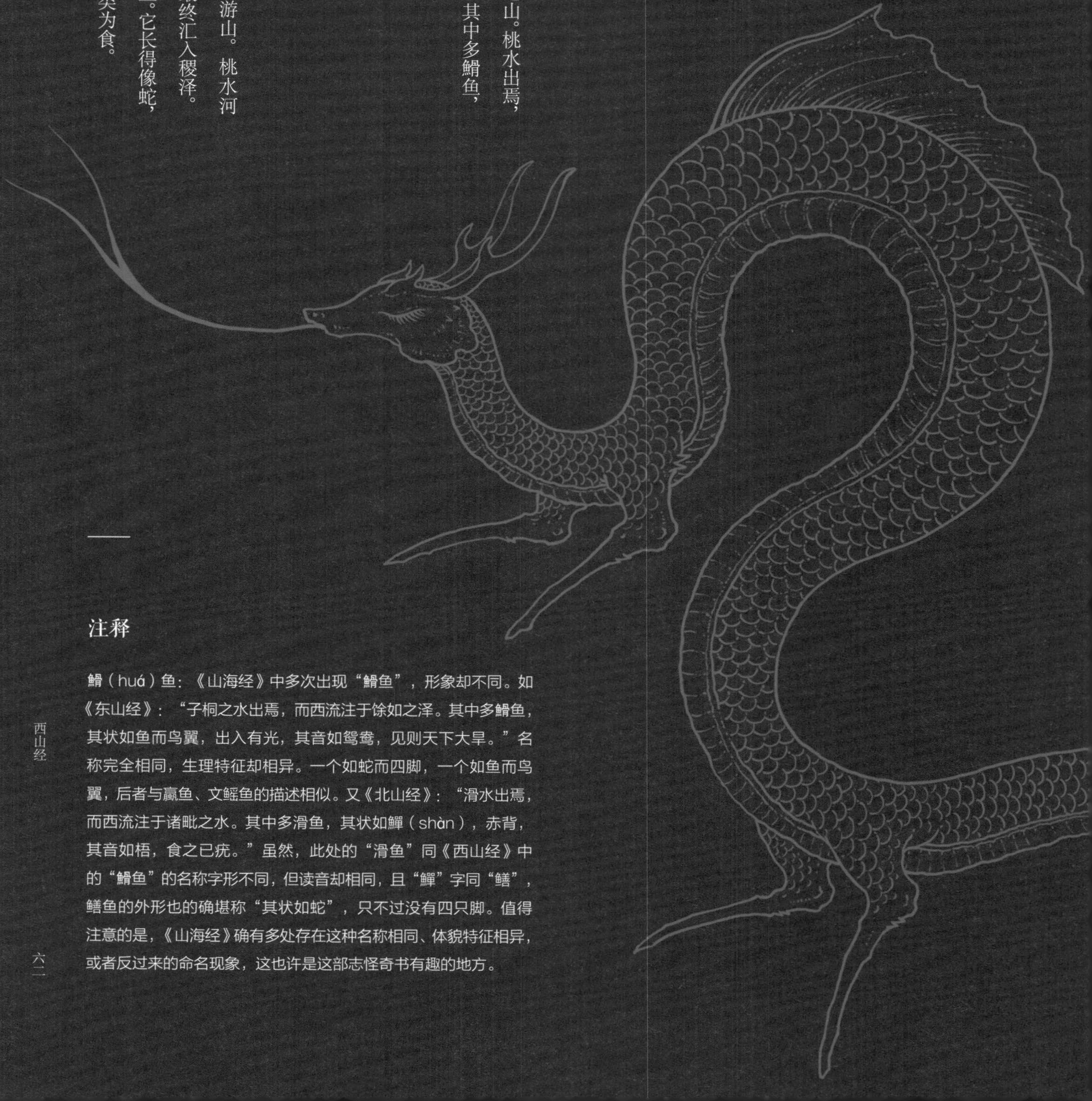

注释

䱻（huá）鱼：《山海经》中多次出现“䱻鱼”，形象却不同。如《东山经》：“子桐之水出焉，而西流注于馀如之泽。其中多䱻鱼，其状如鱼而鸟翼，出入有光，其音如鸳鸯，见则天下大旱。”名称完全相同，生理特征却相异。一个如蛇而四脚，一个如鱼而鸟翼，后者与蠃鱼、文鳐鱼的描述相似。又《北山经》：“滑水出焉，而西流注于诸毗之水。其中多滑鱼，其状如鱓（shàn），赤背，其音如梧，食之已疣。”虽然，此处的“滑鱼”同《西山经》中的“䱻鱼”的名称字形不同，但读音却相同，且“鱓”字同“鳝”，鳝鱼的外形也的确堪称“其状如蛇”，只不过没有四只脚。值得注意的是，《山海经》确有多处存在这种名称相同、体貌特征相异，或者反过来的命名现象，这也许是这部志怪奇书有趣的地方。

冉遗

原文

又西三百五十里，曰英鞮之山，上多漆木，下多金玉，鸟兽尽白。涴水出焉，而北流注于陵羊之泽。是多冉遗之鱼，鱼身蛇首六足，其目如马耳，食之使人不眯，可以御凶。

译文

再向西三百五十里，是英鞮山，山上生长的多是漆树，山下出产各种金属矿和美玉，这座山里的各种鸟兽动物都是白色的。涴水从这座山发源，向北流淌，最终汇入陵羊大泽。水里有许多冉遗鱼，它们长了鱼的身体和蛇的头，却有六条腿，眼睛长得像马耳朵，吃了它的肉可以使人不被噩梦纠缠，还可以抵御邪气侵害。

注释

鞮（dī）：《说文解字》，“革履也”。指革做的鞋子。

涴（yuān）水：古河名。

眯：此处指噩梦梦魇。

冉遗：冉遗和同出《西山经》的鳛鱼都集合了鱼、蛇两种动物的特征，且都有足。“鸟兽尽白”的英鞮之山引人遐想，神农架也生活着许多白蛇、白龟、白獐、白熊、白猴等白化动物，颇具神性。

鴽魮

原文

又西二百二十里，曰鸟鼠同穴之山，其上多白虎，白玉。渭水出焉，而东流注于河。其中多鳋鱼，其状如鳣鱼，动则其邑有大兵。滥水出于其西，西流注于汉水，多鴽魮之鱼，其状如覆铫，鸟首而鱼翼鱼尾，音如磬石之声，是生珠玉。

译文

再向西二百二十里，是鸟鼠同穴山，山上有许多白虎和白玉。渭水从这座山发源，向东流入黄河。水里有许多鳋鱼，这种鱼长得像体型硕大的鲟鳇鱼，它们出现的城邑往往会有大的兵祸发生。滥水从鸟鼠同穴山西面发源，向西流，入汉水，水里多产鴽魮鱼，它们长得像翻过来的铫子，长了鸟的头、鱼的翅膀和鱼的尾巴，它们的叫声听起来像击打石磬的声音一样清脆悦耳，每当它们鸣叫时便会诞生各种珠宝和美玉。

注释

河：古文中有时特指黄河。

鳋（sāo）：形似鳣鱼的一种鱼。

鳣（zhān）：古代指体型硕大的鲟鳇鱼，长吻。

铫（diào）：带把手、有嘴的小锅，有石头或金属等材质，熬药或煮水用。

鴽（rú）魮（pí）：《山海经》中鱼鸟同体的异鱼。这种鱼与同出《西山经》中的蠃鱼、文鳐不同，它还长了鸟的头。另外，原文中的“鸟鼠同穴之山”，也称为鸟鼠山，在今天的甘肃渭源县，确实如同原文中的记载，此山是黄河最大的支流——渭河的源头。郭璞云：“山有鸟鼠同穴，鸟名鵌（tú），鼠名鼵（tū），鼵如人家鼠而短尾，鵌似燕而黄色。穿地入数尺，鼠在内、鸟在外而共处。”鵌鼵是一对奇异的组合，以至于整座山都因它们而得名。

䱌鱼

原文

又西七十里，曰英山，其上多杻、橿，其阴多铁，其阳多赤金。禺水出焉，北流注于招水，其中多䱌鱼，其状如鳖，其音如羊。其阳多箭、䉋，其兽多㸲牛、羬羊。

译文

再向西七十里，是英山，山上生长着许多杻树、橿树，山的北面多出产铁矿石，南面多出产赤金矿。禺水从这座山发源，向北流去，最终汇入招水，水里多产䱌鱼，它们长得像鳖，叫声像羊。山的南面还生长着许多小型的箭竹和䉋竹，还有许多㸲牛和羬羊。

注释

杻：别名万岁枝、牛筋木，材质坚韧，可以用来做弓。

橿（jiāng）：指一种材质坚韧的树，可用来做木车轮。

䉋（mèi）：一种竹子，郭璞注，“今汉中郡出**䉋**竹，厚里而长节，根深，笋冬生地中，人掘取食之，**䉋**音媚”。

㸲（zuó）：《玉篇》，“牛名，肉重千斤，出华阴山”。

䱌（bàng）鱼：虽然在现实中，真的会发出叫声的鱼可能很少，但**䱌**鱼长得像乌龟，叫声却像羊，显得尤为可爱。据明代类书《事物绀珠》记载：“**䱌**鱼，如龟，鱼尾，二足。是为鱼属，非蜃属也。”此处说**䱌**鱼还长有两只脚，虽然名字中的“**䱌**”和“蚌”意思相同，但仍然是一种鱼类，而非蚌类。也许这种鱼和同出《西山经》的䱻魮之鱼一样，可以“生珠玉”。

鸓

原文

又西二百里，曰翠山，其上多棕、枏，其下多竹、箭，其阳多黄金、玉，其阴多旄牛、麢、麝。其鸟多鸓，其状如鹊，赤黑而两首四足，可以御火。

译文

再向西二百里，是翠山，山上有许多棕树和楠木，山下多各种竹子。山的南面有许多黄金和玉石，山的北面有许多旄牛、麢羊和香獐子。翠山还多产鸓这种鸟，它们长得像喜鹊，浑身分布红黑两色，却有两个脑袋、四只脚，饲养它可以防御火灾。

注释

鸓（lěi）：《山海经》中的两首四足鸟。《说文解字》，“鸓，鼠形，飞走且乳之鸟也。一名鸓鼠，一名飞生，一名鼯鼠”。与《山海经》不同，《说文解字》将鸓界定为一种飞鼠。鸓和同出《西山经》的毕方鸟都属于兆火之鸟。

肥遗

鮨鱼

寓鸟

鱳鱼

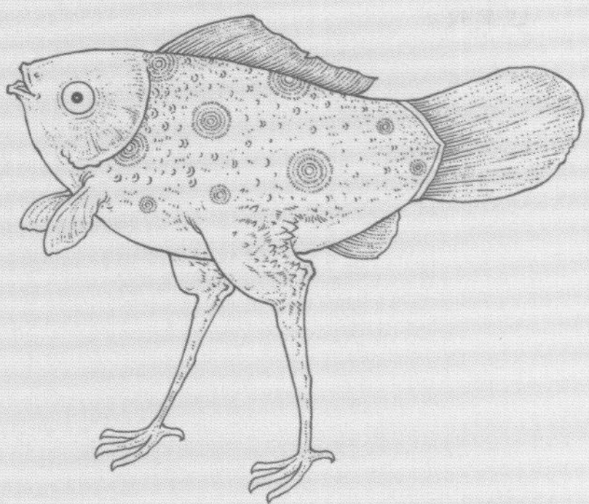

耳鼠

北山经

麋

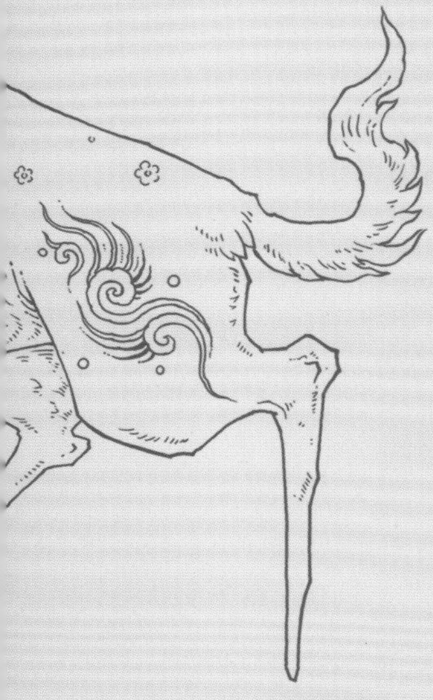

《北山经》包含首经、北次二经、北次三经三部分。著名神话故事精卫填海就收录于北次三经中。《北山经》共收录神麋山、边春山、浑夕山等八十七座山。其中“神麋山”在清代地方志《磁州志》中也有记载：“昔有神鹿游于其上，逐之不见，世遂以为神麋山”。古代的磁州隶属今天的河北邯郸。

《北山经》有鱼头猪身的鮨父鱼、兔头鹿身用尾巴飞翔的耳鼠等奇幻生物。

白鵺

鮨父

何罗鱼

原文

又北四百里，曰谯明之山。谯水出焉，西流注于河。其中多何罗之鱼，一首而十身，其音如吠犬，食之已痈……是山也，无草木，多青雄黄。

译文

再向北四百里，是谯明山。谯水河从这里发源，向西流淌，注入黄河。河里有许多何罗鱼，它们长了一个鱼头，却有十个鱼身，叫声像狗叫，吃了它们的肉可以治疗痈肿病……谯明山上没有植物，山中多产青雄黄。

注释

痈（yōng）：《说文解字》，“肿也”，指皮肤上结块生疮等症状。

何罗鱼：这种鱼在《山海经》中可能是身体最多的动物，郭璞《山海经图赞》，“一头十身，何罗之鱼”。《山海经》中还有几处提到了“十”，如《大荒西经》中记载的灵山十巫和名为“女娲之肠”的十神人。不知这种鱼的得名会不会和古人看见水中群鱼同时争咬一个食物，从而引发的想象和演绎有关。“罗”字有散布、罗列的意思，联系前面的“何”字，也许可以从字面上理解何罗鱼名称的意思：罗列了这么多身体的一种鱼啊。

另外，《东山经》中的茈（zí）鱼也是一首十身。也有观点认为何罗鱼和茈鱼是古人对章鱼、乌贼的称呼。但淡水河中怎么会有海洋生物，尚需要找到考古学上的证据。

麇

原文

又北三百里，曰神麇之山，其上有文石，其下有白蛇，有飞虫。黄水出焉，而东流注于洹；滏水出焉，而东流注于欧水。

译文

再向北三百里，是神麇山，山上有带纹理的石头，山下有白蛇和各种小飞虫。黄水从这座山发源，向东流淌，汇入洹水；滏水也从这里发源，向东流去，最终汇入欧水。

注释

神麇（jūn）之山：也写作神囷（jūn）之山。

洹（huán）：河名，位于河南省，也叫安阳河。

滏（fǔ）水：河名，位于河北省，也叫滏阳河。

麇（jūn）：字形结构是上“鹿”下“禾”，字形上看是一个很美的字。《说文解字》麇，“麞（zhāng）也，似鹿，麞性惊，又善聚散，故又名麇。”这里说“麇”即是“麞”。辞书《尔雅》的补充《埤（pí）雅》中记载：“麞如小鹿而美。”“麇”在原文中写作“囷”，属同音字。据清代地方志《磁州志》记载：“昔有神鹿游于其上，逐之不见，世遂以为神麇山。”磁州是今河北邯郸的古称，在今天，邯郸确实仍有一座山名叫神麇山，而且滏水也位于邯郸市。神麇山，得名于鹿，山中多产白蛇，是一座颇具神性的山。

鮨鱼

原文

又北二百里，曰北岳之山，多枳、棘，刚木……诸怀之水出焉，而西流注于嚻水。水中多鮨鱼，鱼身而犬首，其音如婴儿，食之已狂。

译文

再向北二百里，是北岳山，山上有许多枳树、酸枣树和各种硬木……诸怀河从这座山里发源，向西流入嚻水。河里有许多鮨鱼，它们长着鱼的身子、狗的脑袋，叫声像婴儿发出的声音，吃了它的肉可以治疗疯病。

注释

棘：酸枣树。

嚻（xiāo）：同“嚣”，同一字的不同结构。

鮨（yì）鱼：是一种“狗头鱼”。郭璞云，“今海中有虎鹿鱼及海豨（xī），体皆如鱼而头似虎鹿猪，此其类也”。按照郭璞的说法，海中不仅有狗头鱼，还有虎头鱼、鹿头鱼和猪头鱼等其他兽和鱼组合而成的动物，体现了一种朴素而活泼的童话情结。

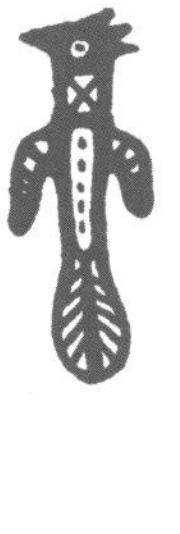

肥遗

原文

又北百八十里，曰浑夕之山，无草木，多铜、玉。嚣水出焉，而西北流注于海。有蛇一首两身，名曰肥遗，见则其国大旱。

译文

再向北一百八十里，是浑夕山，山上没有植物，有许多铜矿和美玉。嚣水河从这座山发源，向西北方流淌，汇入大海。这里有一种蛇，长着一个蛇头两个蛇身，名叫肥遗，它出现的国家往往会有大旱灾发生。

注释

肥遗：《西山经》中也记载了其他两种肥遗，一种是鸟，另一种也是一种蛇，出现时也会天下大旱，但是却长有六足四翼。值得注意的是，《山海经》中记录了很多种可以预兆旱灾的动物，例如肥遗、朋蛇、鸣蛇、薄鱼、鱄（zhuān）鱼、颙（yóng）鸟、鵔（jùn）鸟、獙（bì）獙等。我国自古以来就是农业国，而古人尤其重视农桑，这种现象可能从一个侧面说明老百姓殷切期盼年年风调雨顺、五谷丰登。肥遗等象征旱灾的动物，大概不会为辛苦劳作的农人所喜爱。

浑
夕

鮨父

原文

又东三百里，曰阳山，其上多玉，其下多金、铜……留水出焉，而南流注于河。其中有鮨父之鱼，其状如鲋鱼，鱼首而彘身，食之已呕。

译文

再向东三百里，是阳山，山上有许多玉石，山下多金铜矿石……留水河从这座山发源，河里有一种鮨父鱼，它长得像鲫鱼，却长着鱼的头和猪的身体，吃了它的肉可以治疗呕吐症。

注释

鲋（fù）：指鲫鱼。

鮨（xiàn）父：鮨父鱼是一种“鱼头猪”。南朝志怪书《异苑》记载，“诸鱼欲产，鮨鱼辄以头冲其腹。鮨欲自生，亦更相撞触，俗谓众鱼之生母”。水中的其他鱼类要产卵的时候，鮨鱼就会用头去冲撞它们的腹部，帮助它们产卵，鮨鱼自己要产卵的时候，就会互相冲撞腹部以加速产卵，因为它们的这种助产行为，鮨鱼也被称为“众鱼之生母”。《北山经》中记载的鮨父鱼，名字中有“父”字，对应《异苑》记载的“众鱼之生母”，不知其得名是否也和这种帮助其他鱼类产卵的“助鱼为乐”行为有关。

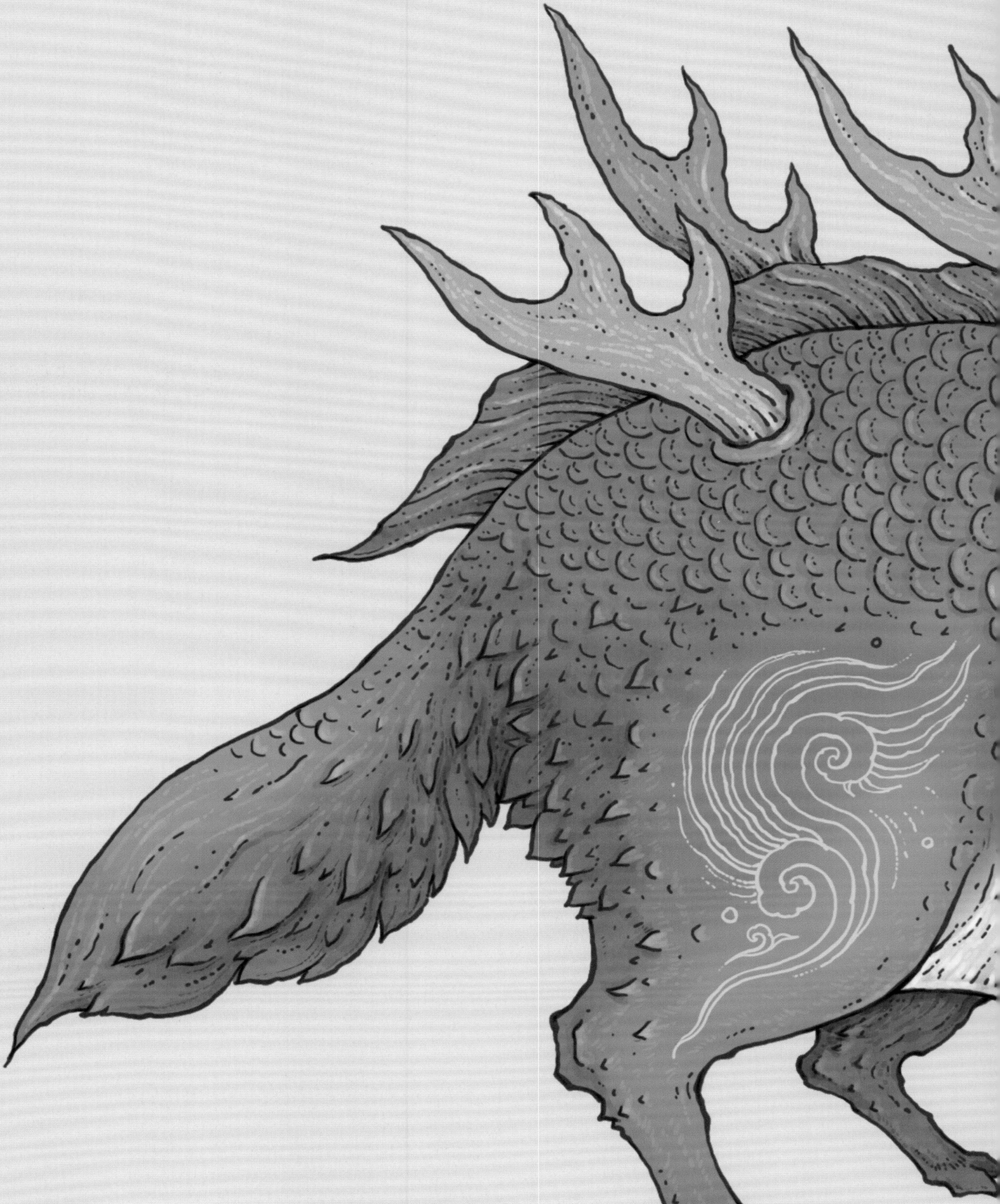

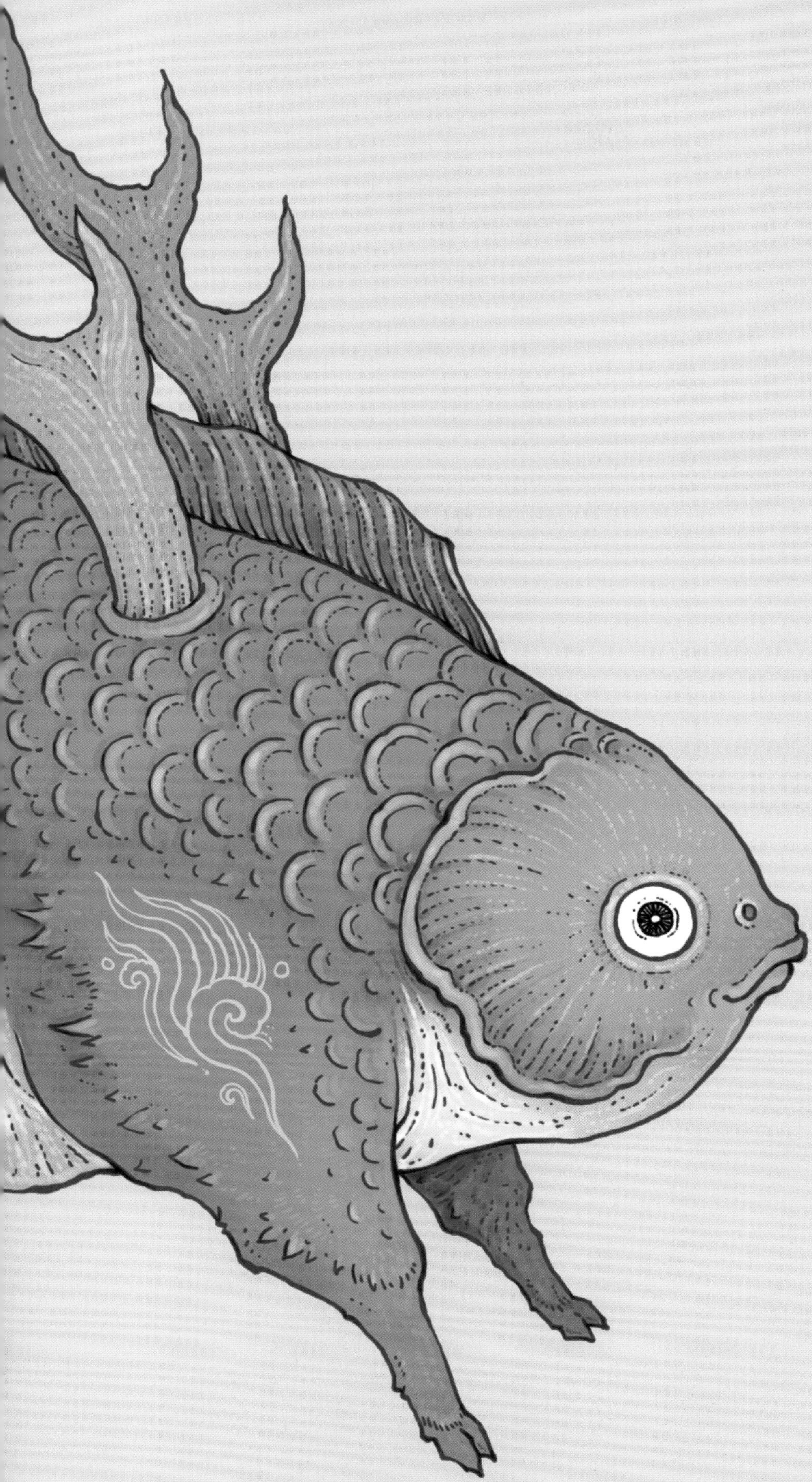

鮨父

寓鸟

原文

又北三百八十里，曰虢山，其上多漆，其下多桐、椐，其阳多玉，其阴多铁。伊水出焉，西流注于河。其兽多橐驼，其鸟多寓，状如鼠而鸟翼，其音如羊，可以御兵。

译文

再向北三百八十里，是虢山，山上生长着许多漆树，山下生长着许多桐树和椐树，山的南面多出产美玉，北面多出产铁矿石。伊水从这里发源，向西流入黄河。山上的兽类以骆驼为主，鸟类则多是寓鸟，这种鸟长得像老鼠，却有鸟的翅膀，叫声像羊，可以用它来防御兵戈战祸。

注释

椐（jū）：一种生有瘿瘤的小树，可以做手杖。

橐（tuó）驼：即骆驼。

虢（guó）山：字义指老虎在地上用爪子画出来的痕迹。虢山是《北山经》中记载的上古山名。虢，《说文解字》，“虎所攫画明文也”。虢是一个非常古老的汉字，最早可见于甲骨文。西周时期，周天子曾分封东、南、西、北四个姬姓虢国。今河南三门峡市建有虢国博物馆，馆藏大量虢国贵族墓地出土的青铜器、玉器等精美文物，其中数量庞大的各种动物形玉器尤其灵动传神，似乎可以称为“虢国古玉版山海经”。

寓鸟：“状如鼠而鸟翼”，许多注解将其理解为现实中的蝙蝠。也许，《山海经》这部上古奇书可以穿越千载岁月烟尘，一直留存至今的魅力之一就在于：亦真亦幻的古文字给想象留足了空间。

虢山

耳鼠

原文

又北二百里，曰丹熏之山，其上多樗、柏，其草多韭、薤，多丹臒。熏水出焉，而西流注于棠水。有兽焉，其状如鼠，而菟首麋身，其音如獆犬，以其尾飞，名曰耳鼠。食之不䐁，又可以御百毒。

译文

再向北二百里，是丹熏山，山上有许多臭椿树和柏树，草本植物多是一些野韭菜，还有许多可以做红色颜料的丹臒矿石。有一种动物，长得像老鼠，却长了兔子的头和麋鹿的身体，叫声像狗叫，用尾巴飞翔，名叫耳鼠。食用它有治疗腹胀的功效，还可以辟百毒。

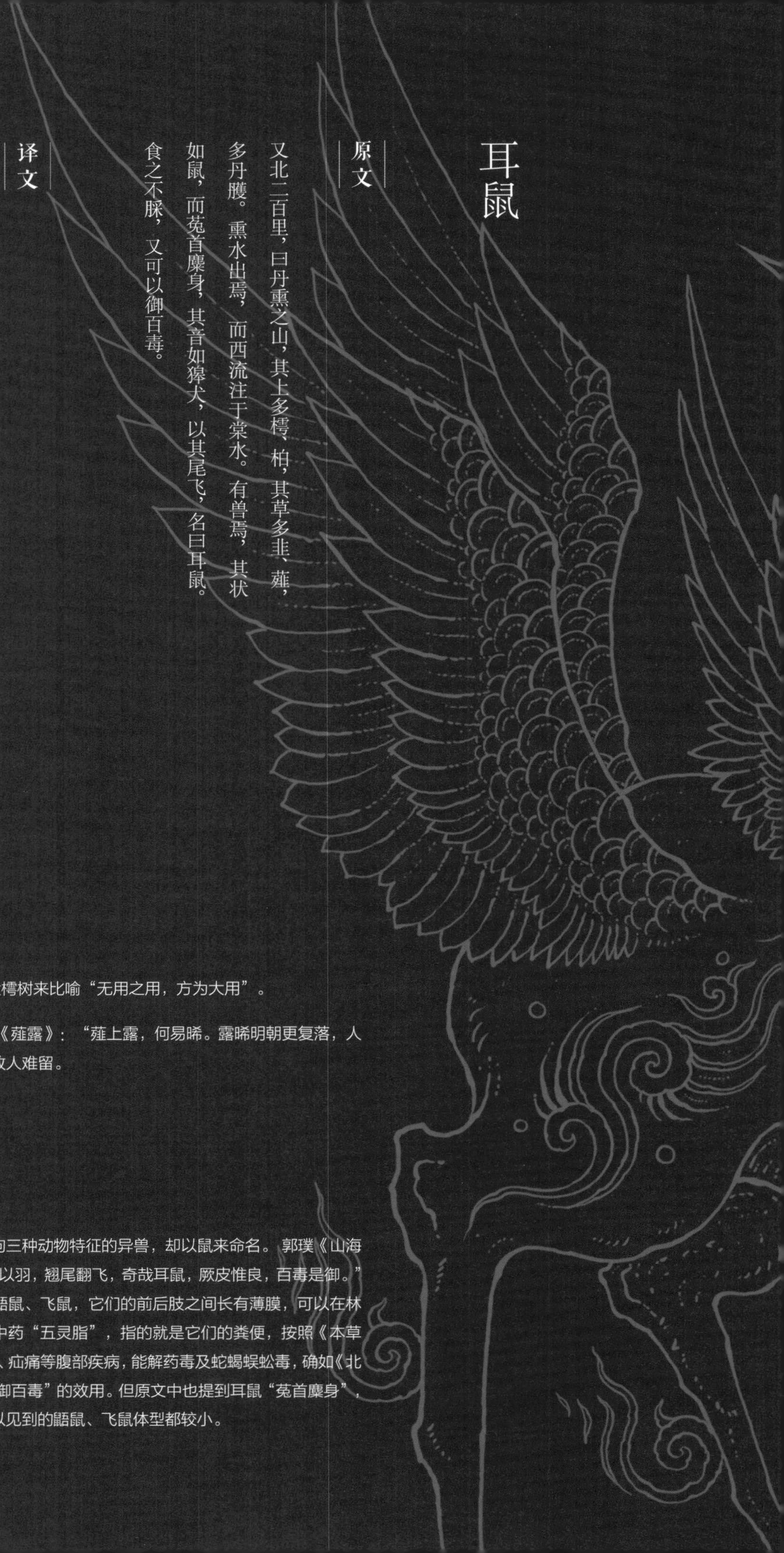

注释

樗（chū）：指臭椿树。庄子曾借大樗树来比喻“无用之用，方为大用”。

薤（xiè）：指野韭菜。西汉有挽歌《薤露》：“薤上露，何易晞。露晞明朝更复落，人死一去何时归。”感叹时光易逝，故人难留。

菟（tù）：同兔，此处指兔子。

獆（háo）：同嗥，指动物嚎叫。

䐁（cài）：郭璞注，“大腹也”。

耳鼠：这是一种结合了兔子、鹿、狗三种动物特征的异兽，却以鼠来命名。郭璞《山海经图赞》：“蹠（zhí）实以足，排虚以羽，翘尾翻飞，奇哉耳鼠，厥皮惟良，百毒是御。”按照郭璞的说法，耳鼠可能指的是鼯鼠、飞鼠，它们的前后肢之间长有薄膜，可以在林间“翘尾翻飞”，竖着尾巴滑翔。中药“五灵脂”，指的就是它们的粪便，按照《本草纲目》记载，五灵脂确实有治疗腹痛、疝痛等腹部疾病，能解药毒及蛇蝎蜈蚣毒，确如《北山经》原文描述，具有“不䐁”和“御百毒”的效用。但原文中也提到耳鼠“菟首麋身”，麋鹿是一种体型较大的鹿，今天可以见到的鼯鼠、飞鼠体型都较小。

丹熏

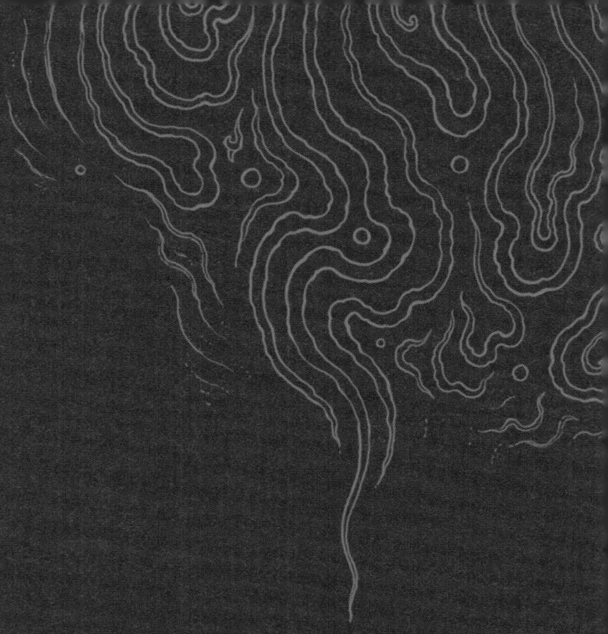

白鵺

原文

又北百八十里，曰单张之山，其上无草木……有鸟焉，其状如雉，而文首，白翼，黄足，名曰白鵺，食之已嗌痛，可以已痸。栎水出焉，而南流注于杠水。

译文

再向北一百八十里，是单张山，山上没有植物……有一种鸟，长得像野鸡，头上有花纹，有白色的翅膀、黄色的脚，名叫白鵺，吃了它的肉可以治疗喉咙痛，还可以消除痴呆病。栎水从这座山发源，向南流入杠水。

注释

嗌（ài）：喉咙滞塞，喉咙痛。

痸（chì）：同痴。

白鵺（yè）：一种形似野鸡的鸟。“鵺”的字形是“夜”加“鸟”，却是“白翼”，鸟名中也有“白”字。在创作白鵺时，对原文描述的形象做了演绎和联想，背上加了一对白色的鹿角。画笔下走出来的，也许是白鵺在夜晚幻化为人形时的形象吧。

單張

人鱼

原文

又东北二百里，曰龙侯之山，无草木，多金、玉。决决之水出焉，而东流注于河。其中多人鱼，其状如鯑鱼，四足，其音如婴儿，食之无痴疾。

译文

再向东北二百里，是龙侯山，山上没有植物，多金属矿和玉石。决决河从这里发源，水中有许多人鱼。这种鱼长得像鯑鱼，却有四条腿，叫声像婴儿的哭声。吃了它的肉可以避免得痴病。

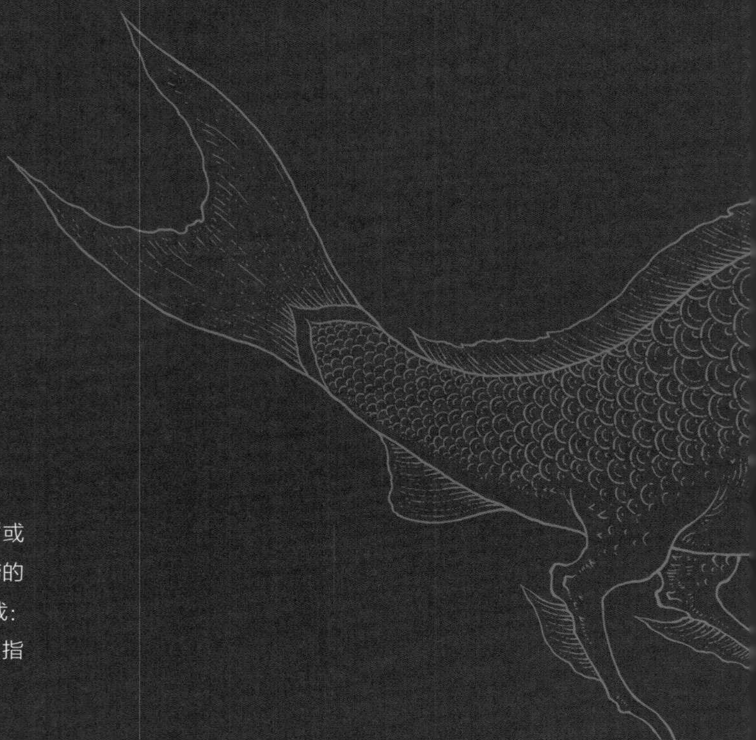

注释

鯑（tí）：指鲵鱼或鲇鱼。鯑另有读音为“dì”，指大鲤鱼。

人鱼：郭璞注，“或曰人鱼，即鲵也，似鲇而四足，声如小儿啼”。“或曰”指“有人说”。鲵指四条腿的娃娃鱼。“状如鯑鱼”，按照鯑的不同读音，可以理解为鲵鱼和大鲤鱼两种形象。《中山经》也有记载：“休水之中多鯑鱼，其状如盩蜼（wèi）而长距，足白而对。”蜼，指一种长尾猴子，这里描述的鯑鱼样子却又像盩伏的猴子。

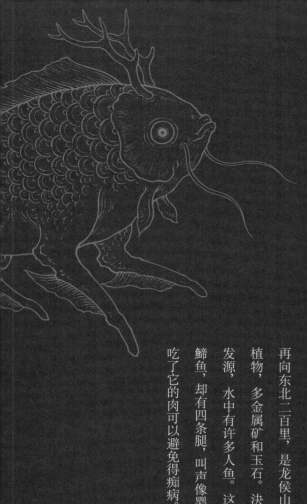

鱳鱼

原文

又北二百里，曰狱法之山。瀤泽之水出焉，而东北流注于泰泽。其中多鱳鱼，其状如鲤而鸡足，食之已疣。

译文

再向北二百里，是狱法山。瀤泽河从这里发源，向东北流入泰泽。水里有许多鱳鱼，这种鱼长得像鲤鱼，但是却长了两条鸡腿。吃了它的肉可以驱除皮肤上的赘瘤。

注释

瀤（huái）泽：北方水名。

鱳（zǎo）鱼：这是一种集合了鲤鱼和鸡两种动物特征的怪鱼，堪称“鸡腿儿鱼”。

鵹鶘

蜃珧

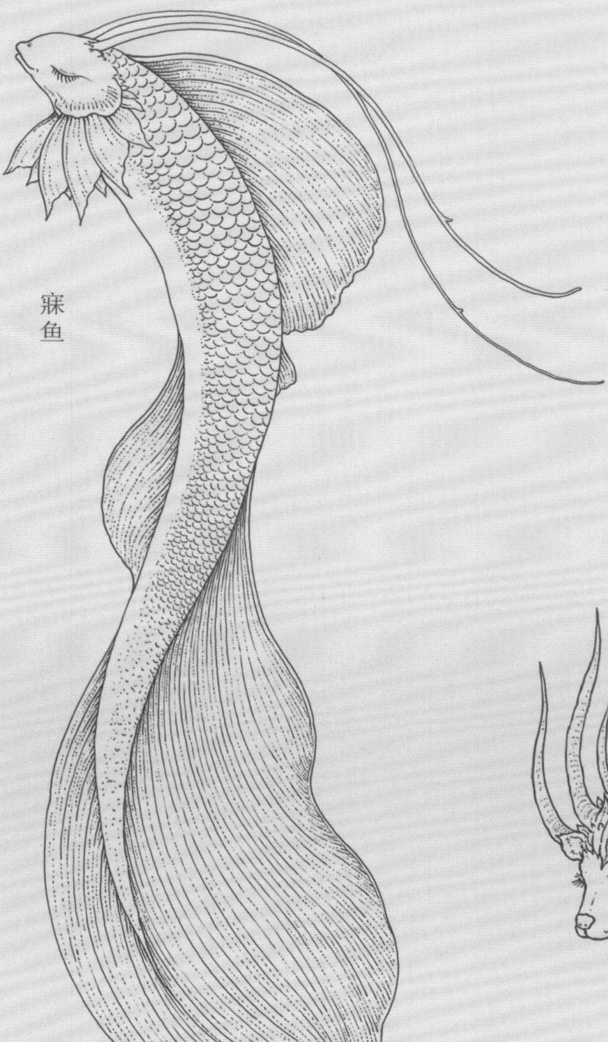

寐鱼

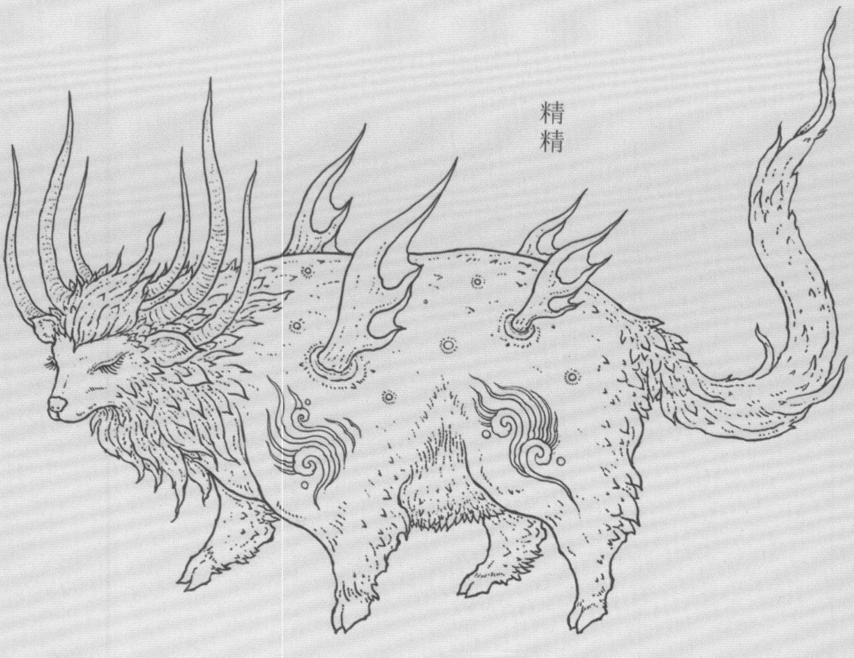

精精

朱獳

獙獙

东山经

《东山经》包含首经、东次二经、东次三经、东次四经四部分，在五篇“山经”中所占的篇幅最少。收录有空桑山、卢其山、姑逢山、诸钩山等共计四十六座山。文中收录的两种类似狐狸的生物——獙獙和朱獳，分别长有鸟翼和鱼鳍。

軨軨

偹蟰

軨軨

原文

空桑之山，北临食水，东望沮吴，南望沙陵，西望湣泽。有兽焉，其状如牛而虎文，其音如钦，其名曰軨軨，其鸣自叫，见则天下大水。

译文

空桑山北面靠近食水，东面能望见沮吴，南面能望见沙陵，西面能望见湣泽。山里有一种动物，长得像牛，却长着老虎的斑纹，声音好像人的叹息声，名叫軨軨，它的叫声像是自呼其名，它一出现，天下往往会发生大水灾。

注释

湣（mǐn）泽：水名。一说指大小汶河汇合处的水泽。

钦：郭璞注，“或作吟”。即有的版本写作“吟”。指叹息、呻吟。而在《西山经》中郭璞注，“钦亦吟字假音”。

軨（líng）：字义指车上的木栏杆，軨軨专指《东山经》中的异兽。空桑之山是一个很美的山名，郭璞注：“此山出琴瑟材。”空桑山还出产能做琴、瑟等乐器的好木材。軨軨是一种虎纹牛，和《南山经》中的长右、《中山经》中的夫诸等一样，都是具有兆水神异功能的异兽。

空桑

朱獳

原文

又南三百里，曰耿山，无草木，多水碧，多大蛇。有兽焉，其状如狐而鱼翼，其名曰朱獳，其鸣自訆，见则其国有恐。

译文

再向南三百里，是耿山，山上没有植物，盛产碧绿色的水晶，有很多大蛇。山上有一种动物，长得像狐狸，却长了鱼鳍，名叫朱獳，叫声像是在自呼其名。有它出现的国家往往会发生恐慌动乱。

注释

訆（jiào）：同“叫”。

朱獳（rú）：另有读音 nòu，指发怒的犬。这是一种长了鱼鳍的狐狸，郭璞《山海经图赞》，“朱獳无奇，见则邑骇。通感靡诚，维数所在。因事所作，未始无待”郭璞认为朱獳除了能预兆城邑中要出现动乱之外，并没有什么其他奇异的地方。宋代古籍《太平广记》中记载了多达九卷关于狐狸的传说和故事，其中也频频提到这种狐狸现身、预兆灾异的能力，如唐代奸相李林甫曾在自家庭院里多次看见一只“毛色黯黑有光”的大狐狸出现又消失，没过多久，李林甫被抄家问罪。

耿山

精精

原文

又南水行九百里，曰踇隅之山，其上多草木，多金、玉，多赭。有兽焉，其状如牛而马尾，名曰精精，其鸣自叫。

译文

再向南顺水行走九百里，是踇隅山，山上草木丰茂，多产金玉矿石和赭石。有一种动物，长得像牛，却长了条马尾巴，名叫精精，它的叫声听起来像是自呼其名。

注释

踇（mú）隅（yú）：《东山经》中的古山名。

精精：郭璞《山海经图赞》，“精精如牛，以尾自辨”。精精像牛，最明显的特征就是它长了一条马尾巴。精精的叫声听起来像是自呼其名，也许某位上古先民，正是由于听到了它这种独具特色的叫声，便直接以其叫声命名了这种动物。

獙獙

原文

又南三百里，曰姑逢之山，无草木，多金玉。有兽焉，其状如狐而有翼，其音如鸿雁，其名曰獙獙，见则天下大旱。

译文

再向南三百里，是姑逢山，山上没有植物，多金玉矿石。山上有一种动物，长得像狐狸却有翅膀，叫声像鸿雁鸣叫，名叫獙獙。它的出现能预兆天下会发生大旱灾。

注释

獙（bì）獙：郭璞《山海经图赞》，“獙獙如狐，有翼不飞”。獙獙长得像狐狸，身生羽翼，也是一种可以预兆旱灾的灵兽。《山海经》中涉及的狐狸颇多，如九尾狐、乘黄等，往往都有各种神异功能。

姑逢

鵹鹕

原文

又南三百里，曰卢其之山，无草木，多沙、石。沙水出焉，南流注于涔水，其中多鵹鹕，其状如鸳鸯而人足，其鸣自訆，见则其国多土功。

译文

再向南三百里，是卢其山，山上没有植物，多沙子石头。沙水从这座山发源，向南流入涔水。水里有很多鵹鹕，它们长得像鸳鸯，却长了人的双脚，叫声像是在自呼其名。它出现的国家，百姓多会有土木营造的徭役。

注释

涔（cén）水：古河名。

鵹（lí）鹕（hú）：这种鸟和《南山经》中的狸力都预兆着“土功”，指百姓土木营造的徭役。《康熙字典》引用郭璞注：“今鹈鹕，足颇似人足。”认为鵹鹕就是鹈鹕。可能是因鹈鹕的脚特别大这一显著特征进而引发出了“人足”的联想。不过，鹈鹕的外貌看起来并不特别像原文中“状如鸳鸯”的描述。

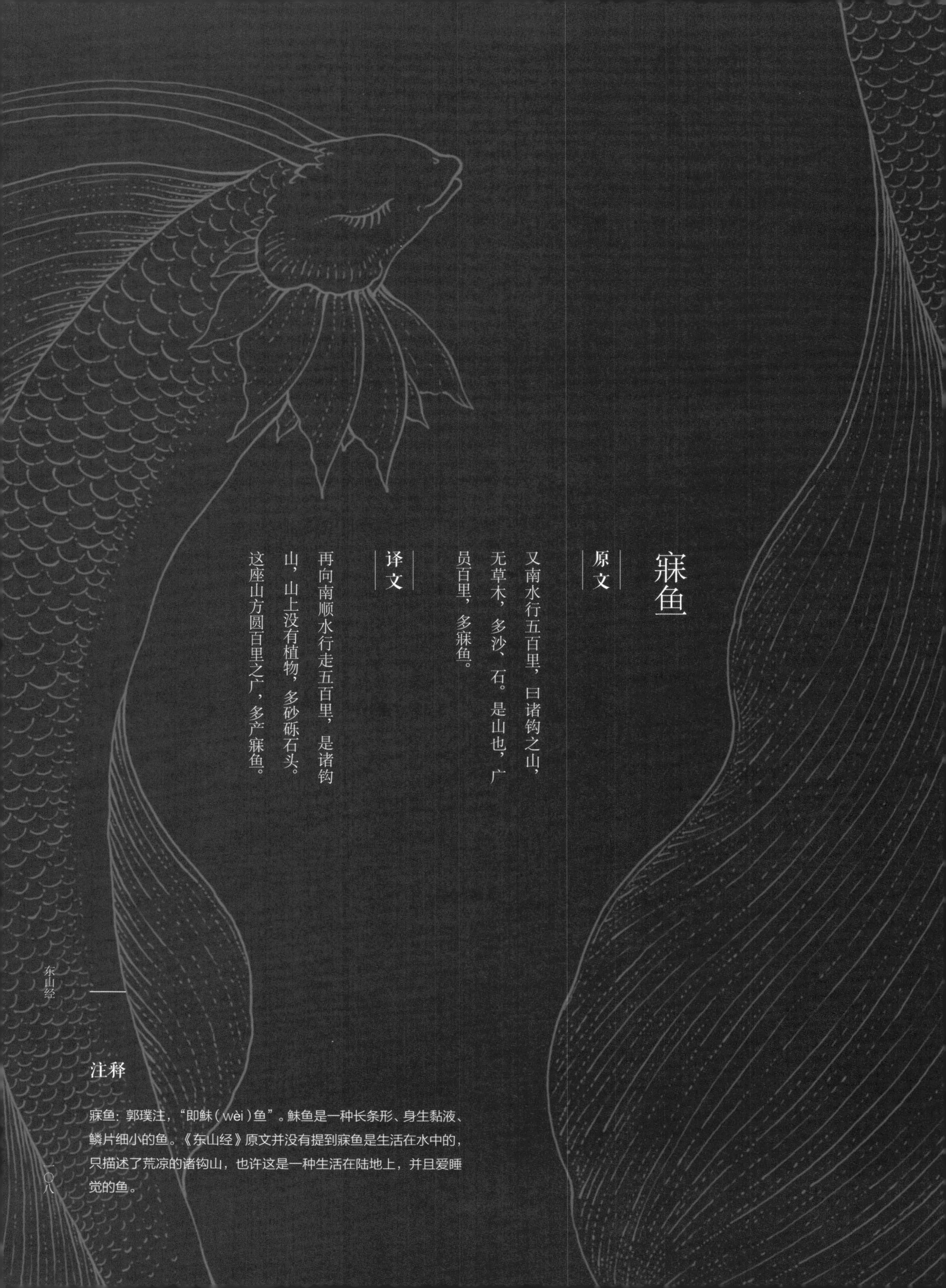

寐鱼

原文

又南水行五百里，曰诸钩之山，无草木，多沙、石。是山也，广员百里，多寐鱼。

译文

再向南顺水行走五百里，是诸钩山，山上没有植物，多砂砾石头。这座山方圆百里之广，多产寐鱼。

注释

寐鱼：郭璞注，“即鮇（wèi）鱼”。鮇鱼是一种长条形、身生黏液、鳞片细小的鱼。《东山经》原文并没有提到寐鱼是生活在水中的，只描述了荒凉的诸钩山，也许这是一种生活在陆地上，并且爱睡觉的鱼。

诸钩

从从

原文

又南三百里，曰栒状之山，其上多金、玉，其下多青碧石。有兽焉，其状如犬，六足，其名曰从从，其鸣自詨。

译文

再向南三百里，是栒状山，山上盛产金玉矿石，山下盛产青绿色的美石。有一种动物，长得像狗，却有六条腿，名叫从从，叫声像是在自呼其名。

注释

栒（xún）状：古山名。

詨（xiào）：指喊叫。

从从：一种“六足犬”，不知道这种想象中的狗怎样奔跑，也许会比四条腿的狗跑得更快。《东山经》中有许多以叠字命名的动物，如从从、精精、軨軨、獙獙等。

㺃状

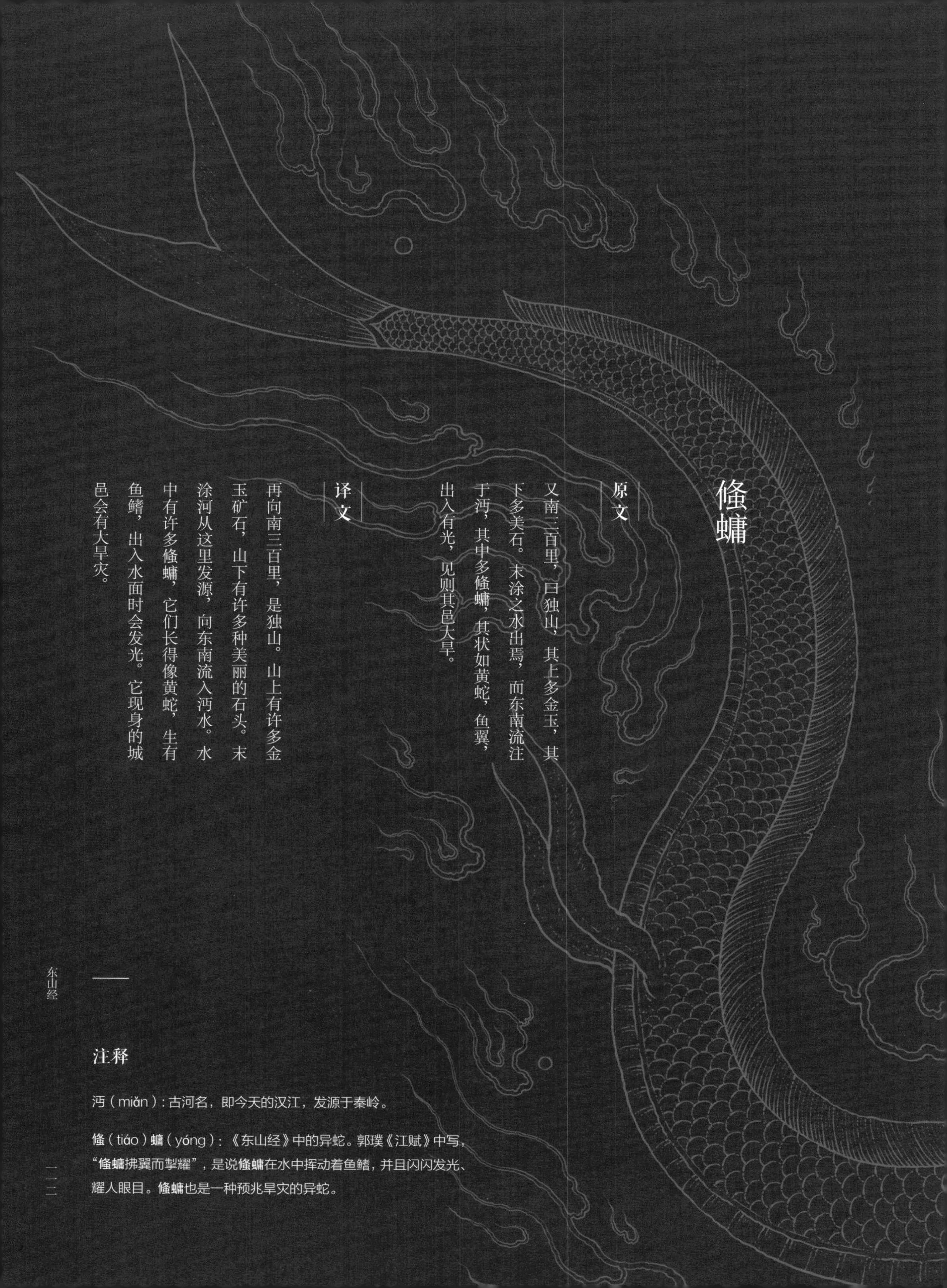

倏鳙

原文

又南三百里，曰独山，其上多金玉，其下多美石。末涂之水出焉，而东南流注于沔，其中多倏鳙，其状如黄蛇，鱼翼，出入有光，见则其邑大旱。

译文

再向南三百里，是独山。山上有许多金玉矿石，山下有许多种美丽的石头。末涂河从这里发源，向东南流入沔水。水中有许多倏鳙，它们长得像黄蛇，生有鱼鳍，出入水面时会发光。它现身的城邑会有大旱灾。

注释

沔（miǎn）：古河名，即今天的汉江，发源于秦岭。

倏（tiáo）**鳙**（yóng）：《东山经》中的异蛇。郭璞《江赋》中写，“**倏鳙**拂翼而掣耀”，是说**倏鳙**在水中挥动着鱼鳍，并且闪闪发光、耀人眼目。**倏鳙**也是一种预兆旱灾的异蛇。

蜃珧

原文

又西南四百里，曰峄皋之山，其上多金玉，其下多白垩。峄皋之水出焉，东流注于激女之水，其中多蜃珧。

译文

再向西南四百里，是峄皋山。山上蕴藏着丰富的金属矿和美玉，山下蕴藏着丰富的白垩矿。峄皋水从这座山发源，向东流入激女水。河里有许多蜃、珧等蚌蛤一类的水族。

注释

峄（yì）皋：古山名。

蜃（shèn）：《国语·晋语》注，“小曰蛤，大曰蜃。皆介物，蚌类也”。是指水中的蛤蚌类。

珧（yáo）：《尔雅·释鱼》，“蜃小者珧”。这是指小的蛤蚌；也指蚌蛤的壳，古代用此镶嵌装饰品。

蜃珧：《山海经》对上古时代山川地理、各方物产的记载可谓包罗万象，其中也涉及水中的蚌类。《东山经》里的蜃、珧，即指水中的大小蛤蚌。《礼记．月令》记载：“雉入大水为蜃。”传说蜃是由野鸡跳入大水中幻化而成的。《述异记》记载：“黄雀秋化为蛤，春复为黄雀，五百年为蜃蛤。”同《礼记》的记载类似，也说蜃是由鸟类幻化而来的。而药典《本草纲目》的记载更为神奇：“蜃，蛟之属，其状亦似蛇而大，有角如龙状，红鬣，腰一下鳞尽逆，食燕子。能吁气成楼台城郭之状，将雨即见，名蜃楼，亦曰海市。其脂和蜡作烛，香凡百步，烟中亦有楼台之形。”李时珍将蜃记录为一种身生逆鳞、以燕子为食的蛟龙，而“蜃楼”与“海市”是由蜃蛟吐出的气息幻化而来，用它的油脂制作蜡烛，烛烟中也会出现海市蜃楼。尽管在今天，这种天气现象的科学原理已经被揭开，但上述神异的记载仍然引人遐想。

䲦鸟

朏朏

夫诸

犀渠

麖

麈

麔

中山经

《中山经》是整部《山海经》中篇幅最长的章节，包含首经至中次十二经，共十二部分，收录风伯山、鹿蹄山、洞庭山、翼望山等一百九十七座山。记录了长有人目的麔、头生四角的夫诸、人面虎身的马腹、好骂人的山膏、让人忘忧的朏朏等许多奇幻生物。据查，《中山经》中记载的地理山川，许多是实地可考的。

臭

臭

三足龟

臭

马腹

麐

原文

鹿蹄之山，其上多玉，其下多金。甘水出焉，而北流注于洛，其中多泠石。西五十里，曰扶猪之山，其上多礝石。有兽焉，其状如貉而人目，其名曰麐。虢水出焉，而北流注于洛，其中多礝石。

译文

鹿蹄山山上有许多美玉，山下有各种金属矿。甘水从这座山发源，向北流入洛水，河中盛产一种质地很软的泠石。再向西五十里，是扶猪山，山上多产次于玉的礝石。山上有一种动物，长得像貉，却长了人的眼睛，名叫麐。虢水从这座山发源，向北流入洛水，水中也多产次于玉的礝石。

注释

泠（gàn）石：指质地如泥的石头。泠：同淦，《说文解説》，“泥也”。

礝（ruǎn）石：指次于玉的石头。礝：同碝，《说文解説》，“石次玉”。

貉（hé）：外形像狐，又像狸子。

麐（yín）：《山海经》中有许多“鹿”字旁的动物，“麐”的字形结构即为上“鹿”下“言”。貉与鹿科动物并不是特别像，更像是腿较短的狸子。“人目”，可能是古人对其头部皮毛上斑斓花纹的想象。在创作时，偏重了麐字形结构中的“鹿”，麐出自靠近鹿蹄山的扶猪山，不知这个有意思的扶猪山名从何得来。据考证，鹿蹄山、扶猪山位于今河南洛阳。

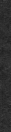

扶猪

玄豹

原文

又东南三十五里，曰即谷之山，多美玉，多玄豹……其阳多珉，其阴多青雘。

译文

再向东南三十五里，是即谷山，山中有许多美玉和黑豹……山的南面有许多像玉的珉石，北面有许多可以做青色颜料的雘石。

注释

珉（mín）：《说文解字》，“石之美者”。这是指次于玉的美石。

玄豹：郭璞注，“黑豹也，即今荆州山中出黑虎也”。按照郭璞注释，玄豹就是黑豹子、黑老虎。玄指黑色，如“玄禽”指燕子。玄豹在古代还被作为贤士的代称，成语“南山隐豹”，即比喻隐居林泉，不入仕途的贤士。唐代柳宗元《雨中赠仙人山贾山人》：“寒江夜雨声潺潺，晓云遮尽仙人山。遥知玄豹在深处，下笑羁绊泥涂间。”这首诗将出尘世外、隐居仙人山的贾山人比作玄豹，笑我等羁绊在红尘欲求中的凡人。

駄鸟

原文

东三百里，曰首山，其阴多榖、柞，其草多茶、芫，其阳多㻬琈之玉，木多槐。其阴有谷，曰机谷，多駄鸟，其状如枭而三目，有耳，其音如录，食之已垫。

译文

向东三百里，是首山，山的北面生长着许多构树和柞树，还生长着许多苍术、白术、芫花等可以入药的植物。山的南面有许多㻬琈玉，树木多是槐树。山的北面有一座山谷叫机谷，谷中有很多駄鸟，它们长得像猫头鹰却有三只眼睛，还有耳朵，叫声像鹿鸣，吃了它的肉可以驱除湿病。

注释

茶（zhú）：《说文解字》，“山蓟也”。一说指苍术、白术一类菊科植物。

芫（yuán）：指芫花，花可入药。另有读音“yán”，芫荽（suī），即香菜。

录：通“鹿”。

垫：下湿病。

駄（dì）鸟：指猫头鹰一类的鸟类。在传统认知里一直将猫头鹰视作不吉的象征。《中山经》里记载的这种长得像猫头鹰、叫声像鹿鸣的駄鸟，却是一种可以疗疾的益鸟。三只眼睛的形象往往代表超凡的灵性，駄鸟的第三只眼睛，有可能来自对其头顶羽毛花纹的演绎和想象。

山
首

麖

原文

又东北百二十里，曰女几之山，其上多玉，其下多黄金，其兽多豹、虎，多闾、麋、麖、麂，其鸟多白鷮，多翟，多鸩。

译文

再向东北一百二十里，是女几山，山上多美玉，山下多黄金，山中有许多豹子、老虎，还有山驴、麋鹿、麖、山麂子，鸟类多是长尾白鷮、长尾雉鸡和羽毛有剧毒的鸩鸟。

注释

麖（jīng）：体型较大的一种鹿。女几山之外，《中山经》中的尸山也“其兽多麖”。麖字是上鹿下京的字形结构，辞书《尔雅》，“京，大也”。京有大的意思，如鲸鱼的鲸，左鱼右京组成，即指大鱼。同理，麖应该也是一种体型比较大的鹿。

白鷮（jiāo）：一种白色的长尾野鸡。鷮，《说文解字》，“走鸣长尾雉也”。

翟（dí）：《说文解字》，“山雉尾长者”，指长尾野鸡。另有读音 zhái，做姓氏。

鸩（zhèn）：传说中一种以毒蛇为食的鸟，羽毛有剧毒。

马腹

原文

又西二百里，曰蔓渠之山，其上多金玉，其下多竹箭。伊水出焉，而东流注于洛。有兽焉，其名曰马腹，其状如人面虎身，其音如婴儿，是食人。

译文

再向西二百里，是蔓渠山，山上多金玉矿石，山下多矮小的竹子。伊水从这座山发源，向东流入洛水。山中有一种动物，名叫马腹，长了人的脸和老虎的身体，鸣叫声听起来像是婴儿发出的声音，能吃人。

注释

马腹：郭璞《山海经图赞》，“马腹之物，人面似虎”。马腹是种人头虎，《大荒北经》中记载的彊（qiáng）良与之相反，是一种虎头人。在《山海经》中，虎也是出现频率比较高的动物，有多种人面虎身或虎身人面等以虎为想象原形的动物和神明，如马腹、穷奇、天吴、西王母等，且多以会吃人等凶恶的形象出现，体现出古人对虎这种凶猛动物畏惧与崇敬兼有的心理活动。

蔓渠

马腹

白犀

原文

又东南二百里，曰琴鼓之山，其木多榖、柞、椒、柘，其上多白珉，其下多洗石，其兽多豕、鹿，多白犀，其鸟多鸩。

译文

再向东南二百里，是琴鼓山，生长着许多构树、柞树、花椒树和柘树等树木。山上很多类似玉石的白珉石，山下有许多可以拿来搓澡用的细腻洗石，山中的动物多是野猪和鹿，还有许多白犀牛，鸟类多是羽毛有剧毒的鸩鸟。

注释

豕（shǐ）：指野猪。

白犀：中国本土原来是有犀牛的。上古时代中原地区就有犀牛分布，甲骨文中有大量关于犀牛的文字记录。后来随着气候变迁和人类生产生活的干扰，到清末民初，犀牛在我国消失无踪。古代有犀牛形状的青铜礼器，比如现藏美国旧金山亚洲艺术博物馆的商晚期“小臣艅（yú）犀尊”，造型是只犀牛幼崽，憨态可掬，上面的铭文记载了商王讨伐夷方部族的重要史料。古人赋予犀牛许多美好的寓意，白色的动物多被视为祥瑞的灵兽。

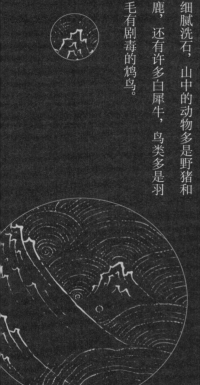

琴鼓

朏朏

原文

又北四十里，曰霍山，其木多穀。有兽焉，其状如狸，而白尾有鬣，名曰朏朏，养之可以已忧。

译文

再向北四十里，是霍山，山上有许多构树。山中有一种动物，长得像狸子，尾巴是白色的，长有鬃毛，名叫朏朏，饲养它可以疗愁解忧。

注释

朏（fěi）朏：通过原文的描述，可以感觉到这是一种可以驱除烦恼、给人带来快乐的可爱动物，似乎很适合做宠物。郭璞云：“朏，普昧反”，即朏还有另外的读音为 pèi。朏，有光明的意思，词语“朏魄”指新月之光。

麈

原文

又东北一百里，曰美山，其兽多兕牛，多闾、麈，多豕、鹿，其上多金，其下多青雘。

译文

再向东北一百里，是美山，山中生态丰富，有犀牛、野牛、山驴、麈、野猪和鹿，山上有很多金属矿，山下有很多可以做青色颜料的青雘石。

注释

闾（lǘ）：郭璞注，“闾即羭（yú）也。似驴而岐蹄，角如羚羊，一名山驴”。

麈（zhǔ）：《埤雅》，“麈似鹿而大”，指一种大型的鹿。麈的字形为上鹿下主，在宋本《山海经》中，麈字写作上鹿下玉的结构。《名苑》记载，“鹿大者曰麈，群鹿随之”。从这条记载来看，麈也指鹿群中的头鹿。在古籍《三才图会》中收录有麈的插图，是一种头上长有灵芝的鹿。

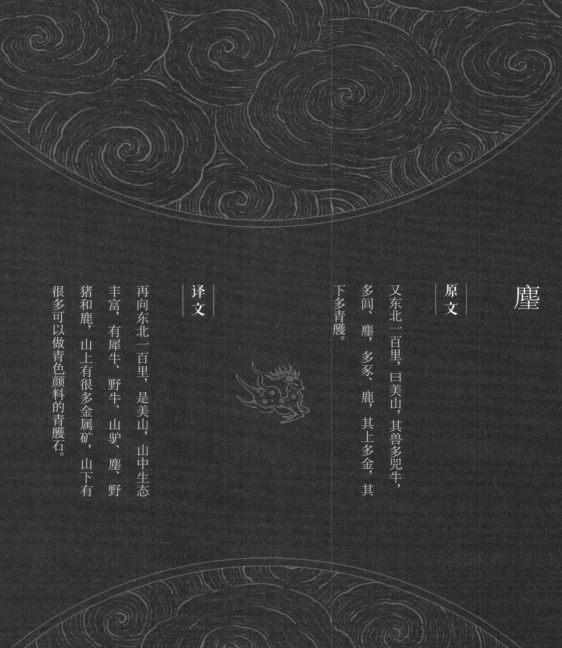

鸣蛇

原文

又西三百里，曰鲜山，多金玉，无草木。鲜水出焉，而北流注于伊水。其中多鸣蛇，其状如蛇而四翼，其音如磬，见则其邑大旱。

译文

再向西三百里，是鲜山，山上多各种金属矿和美玉，没有植物。鲜水从这座山发源，向北流入伊水。水中有许多鸣蛇，这种动物长得像蛇却有四只翅膀。它的叫声像击磬声一样清脆悦耳，它出现的城邑往往会发生大旱灾。

注释

鸣蛇：有四翼，古代美洲玛雅人也信奉羽蛇神。鸣蛇的叫声清越如磬，这也许是它得名“鸣”的主要原因。蛇的形象在《山海经》中的出现频率非常高，烛阴、相柳等著名的大妖怪即以蛇为原型。无论中外的古代传说，蛇都在其中扮演了重要的角色。古埃及人认为日落是太阳被一条巨蛇吞下，日出则是太阳被巨蛇吐出来，夜晚就是太阳在巨蛇的肚子里穿行的过程。

鲜山

㚟

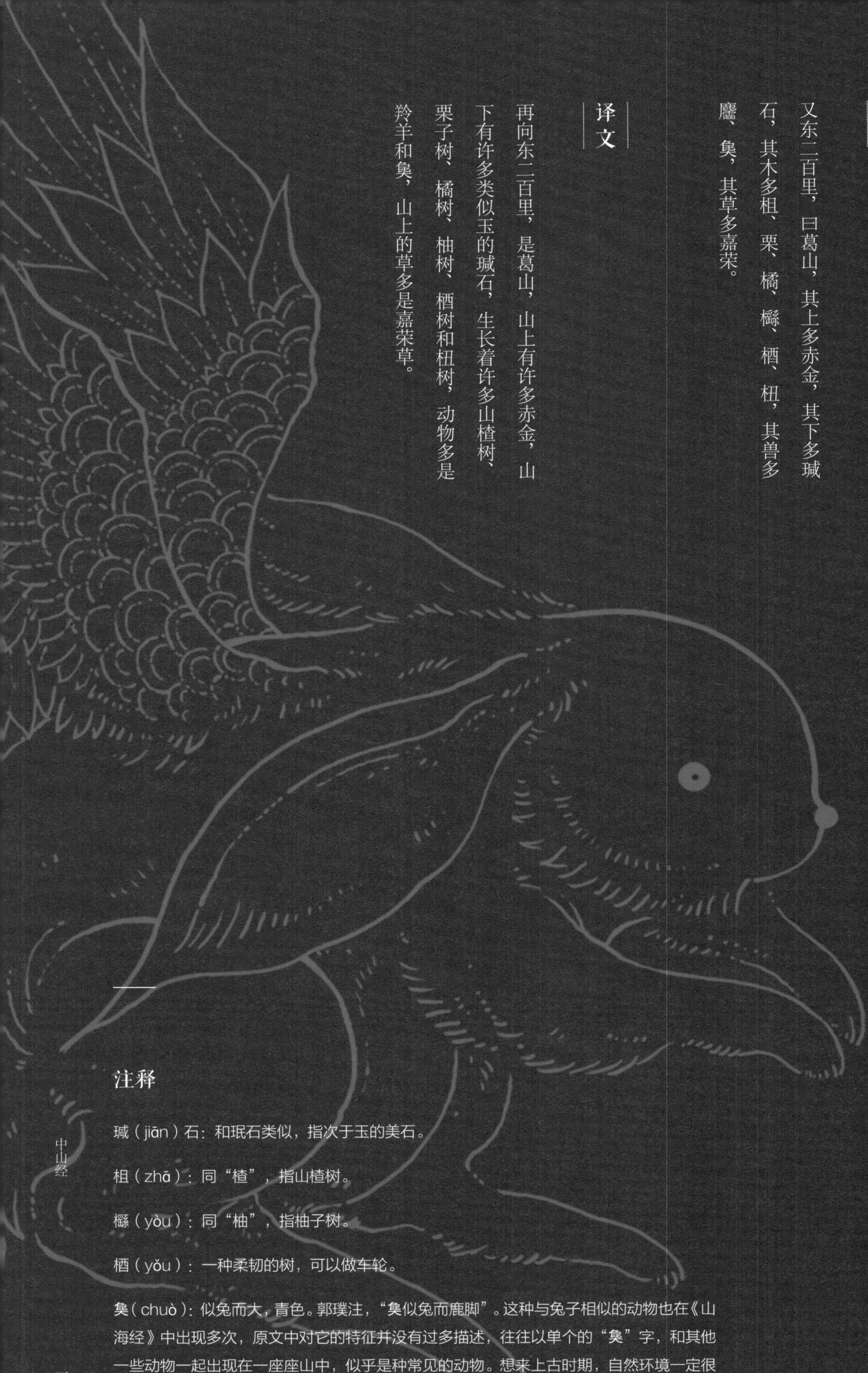

原文

又东二百里，曰葛山，其上多赤金，其下多瑊石，其木多柤、栗、橘、櫾、楢、杻，其兽多麢、㚟，其草多嘉荣。

译文

再向东二百里，是葛山，山上有许多赤金，山下有许多类似玉的瑊石，生长着许多山楂树、栗子树、橘树、柚树、楢树和杻树，动物多是羚羊和㚟，山上的草多是嘉荣草。

注释

瑊（jiān）石：和珉石类似，指次于玉的美石。

柤（zhā）：同“楂”，指山楂树。

櫾（yòu）：同“柚”，指柚子树。

楢（yǒu）：一种柔韧的树，可以做车轮。

㚟（chuò）：似兔而大，青色。郭璞注，“㚟似兔而鹿脚”。这种与兔子相似的动物也在《山海经》中出现多次，原文中对它的特征并没有过多描述，往往以单个的“㚟”字，和其他一些动物一起出现在一座座山中，似乎是种常见的动物。想来上古时期，自然环境一定很好，山川悠远，草木丰茂，这种当时常见的青色大兔子不知道今天还能不能见其踪迹。

犀渠

原文

又西一百二十里，曰厘山，其阳多玉，其阴多蒐。有兽焉，其状如牛，苍身，其音如婴儿，是食人，其名曰犀渠。

译文

再向西一百二十里，是厘山，山的南面有许多美玉，北面生长着许多茜草。山中有一种动物，长得像牛，身体是深青色的，鸣叫声像婴儿发出的声音，能吃人，名叫犀渠。

注释

蒐（sōu）：指茜草，与“搜”同。

苍：此处指深青色。

犀渠：清代学者郝懿行云，“犀渠，盖犀牛之属也”。郝懿行认为犀渠应该是犀牛类的动物。郭璞《山海经图赞》，“犀渠如牛，亦是啖人”，说犀渠是一种会吃人的牛。在古代，犀渠还指用犀牛皮制成的盾牌，北朝诗人卢思道有诗句：“犀渠玉剑良家子，白马金羁侠少年。”

厘山

犀渠

厘山

蒲卢

原文

又东十里，曰青要之山，实惟帝之密都。北望河曲，是多驾鸟，南望墠渚，禹父之所化，是多仆累、蒲卢。

译文

再向东十里，是青要山，这座山其实是天帝的一座隐秘都城。向北可以望见大河的拐弯处，河洲中有许多驾鸟，向南可以望见水中的墠渚洲，这座洲是大禹的父亲鲧幻化而成，水中有许多蛤蚌、蜗牛等。

注释

墠（shàn）：此处指经过整治的郊野平地。

渚（zhǔ）：水中小洲。

仆累：郭璞注，“仆累，蜗牛也”。仆累、蒲卢的读音相似，同样都是蛤蚌等水族。

禹父：即鲧（gǔn），他是上古传说时代有崇氏部落的首领，大禹的父亲，传说因治水失败而被杀。《海内经》中也有类似记载，“鲧窃帝之息壤以堙（yīn，指堵塞）洪水，不待帝命，帝令祝融杀鲧于羽郊”。鲧因偷天帝的息壤来治水而被处死。原文中的青要山是一座神秘的山，天帝之城邑隐于山中，附近还有鲧幻化成的洲渚，这些描述颇具神秘色彩。生活在附近水域中的仆累、蒲卢读音很有意思，不知它们的样貌是否也如同周围的环境一样颇具神异。

夫诸

原文

敖岸之山，其阳多㻬琈之玉，其阴多赭、黄金。神熏池居之，是常出美玉。北望河林，其状如茜如举。有兽焉，其状如白鹿而四角，名曰夫诸，见则其邑大水。

译文

敖岸山的南面盛产㻬琈玉，北面盛产赭石矿和黄金。熏池神居住在这座山中，因此，山中盛产美玉。向北可以望见河边的森林，林中树木远望像是茜草和榉树。山中有一种动物，长得像白鹿，却有四只角，名叫夫诸，它出现的城邑往往会有大水患。

注释

夫诸：夫诸是一种四角鹿，可以预兆水患灾害。《山海经》中可以兆水灾与旱灾的异兽数量颇多，这可能与人们对水旱灾害的恐惧心理有关。

青耕

原文

又西北一百里，曰堇理之山，其上多松、柏，多美梓，其阴多丹雘，多金，其兽多豹、虎。有鸟焉，其状如鹊，青身白喙，白目白尾，名曰青耕，可以御疫，其鸣自叫。

译文

再向西北一百里是堇理山，山上有许多松柏树和优良的梓树，山的北面盛产可以做红色颜料的丹雘矿和各种金属矿，兽类多是豹子和老虎。山中有一种鸟，长得像喜鹊，青色的身体，白色的鸟嘴，白色的眼睛和尾巴，名叫青耕，这种鸟可以防御疫病，鸣叫声像是自呼其名。

注释

青耕：和《山海经》里的其他许多词语一样，青耕是特别具有美感的文字。

梓（zǐ）：梓树，落叶乔木，花淡黄色。

堇理

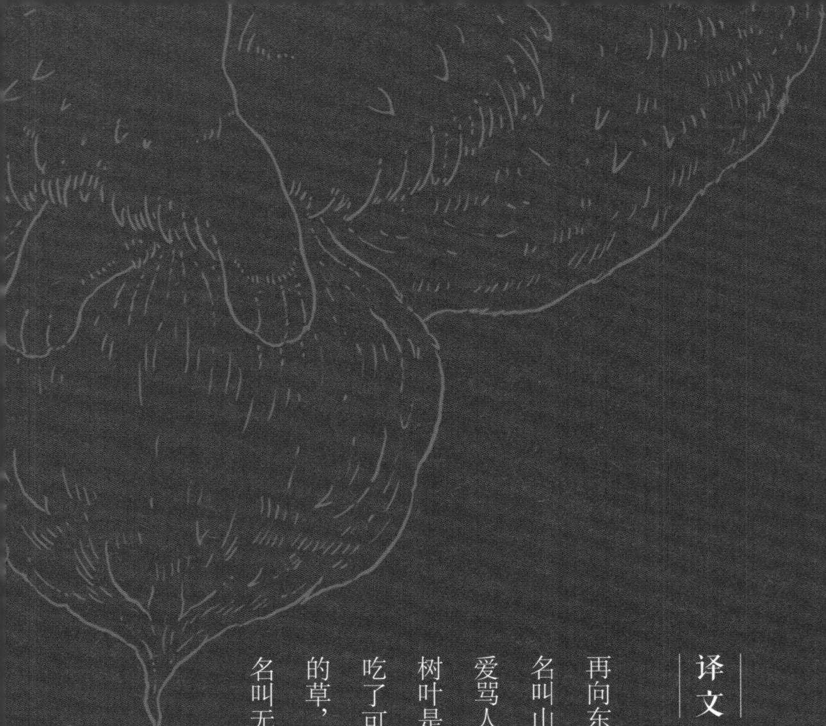

山膏

原文

又东二十里，曰苦山。有兽焉，名曰山膏，其状如逐，赤若丹火，善詈。其上有木焉，名曰黄棘，黄华而员叶，其实如兰，服之不字。有草焉，员叶而无茎，赤华而不实，名曰无条，服之不瘿。

译文

再向东二十里，是苦山。山中有一种动物，名叫山膏，长得像小猪，毛色赤红如火，爱骂人。山上有一种黄棘树，开黄色的花，树叶是圆形的，结的果实像兰花的果实，吃了可以使人不生育。有一种圆形叶子的草，没有茎秆，开红色花，但不结果实，名叫无条，吃了这种草可以不得瘿瘤病。

注释

逐：小猪，通“豚”。

詈（lì）：指责骂。

不字：指不生育。

山膏：郭璞《山海经图赞》，“山膏如豚，厥性好骂，黄棘是食，匪子匪化，虽无贞操，理同不嫁”，是说山膏最爱骂人。古人可能将山间猿猴等灵长类动物的尖厉鸣叫声理解为骂人的声音，原文对山膏红色外表的描述在一定程度上符合猿类的毛发特征。山膏也许是古代山中一种胖乎乎的红毛猴子。

苦山

闻獜

原文

又东三百五十里，曰几山，其木多楢、檀、杻，其草多香。有兽焉，其状如彘，黄身、白头、白尾，名曰闻獜，见则天下大风。

译文

再向东三百五十里，是几山，山中的树木多是楢树、檀树、杻树，草本植物多是香草。山中有一种动物，长得像猪，黄色的身体，头和尾巴是白色的，名叫闻獜。它出现的时候，天下会刮大风。

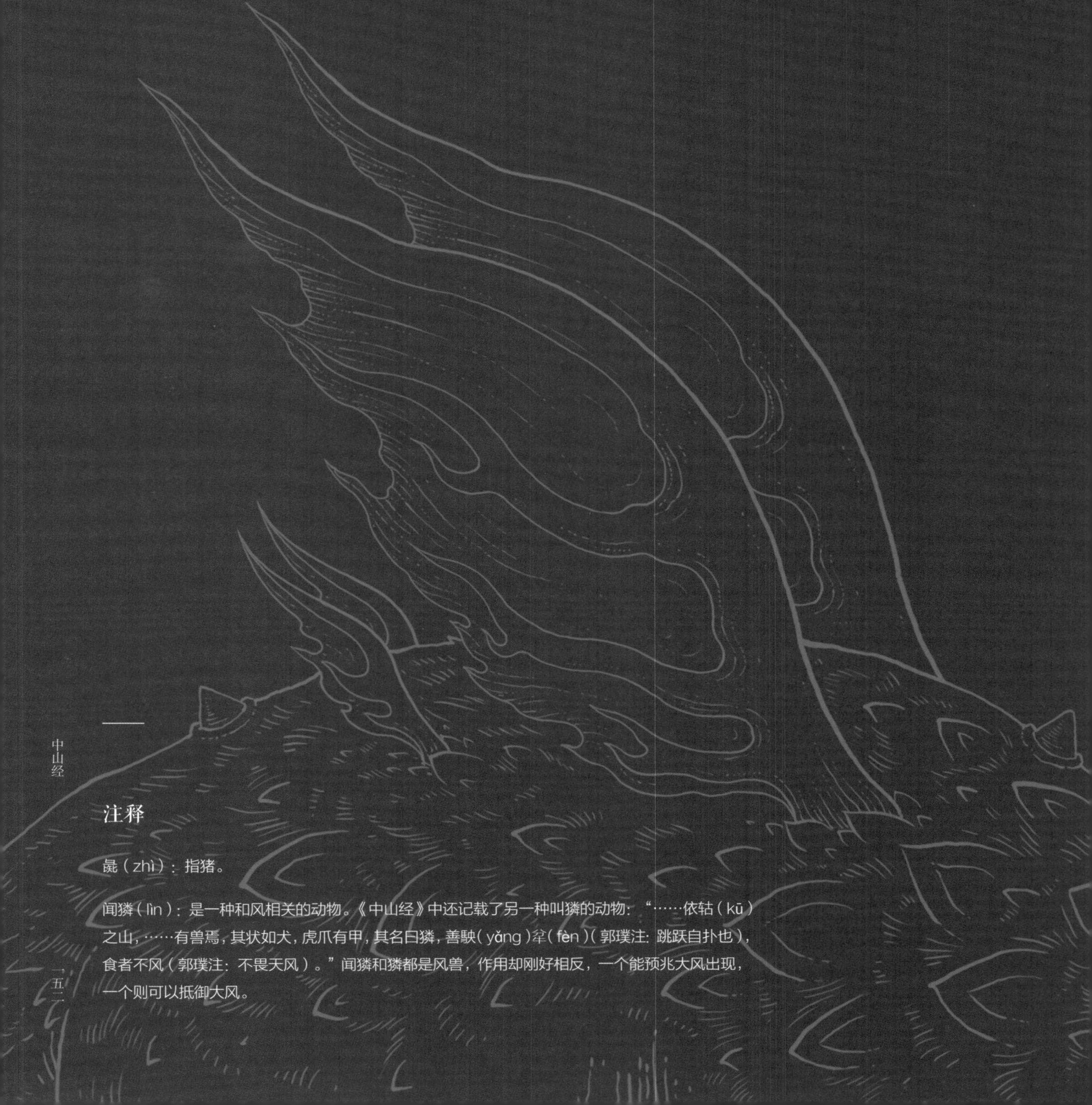

注释

彘（zhì）：指猪。

闻獜（lìn）：是一种和风相关的动物。《中山经》中还记载了另一种叫獜的动物：“……依轱（kū）之山，……有兽焉，其状如犬，虎爪有甲，其名曰獜，善駚（yǎng）坌（fèn）（郭璞注：跳跃自扑也），食者不风（郭璞注：不畏天风）。”闻獜和獜都是风兽，作用却刚好相反，一个能预兆大风出现，一个则可以抵御大风。

几山

三足龟

原文

又东五十七里，曰大苦之山，多㻬琈之玉，多麋玉。有草焉，其状叶如榆，方茎而苍伤，其名曰牛伤，其根苍文，服者不厥，可以御兵。其阳狂水出焉，西南流注于伊水，其中多三足龟，食者无大疾，可以已肿。

译文

再向东七十五里，是大苦山，山中有许多㻬琈玉和麋玉。有一种草，草叶像榆树叶子，方形茎秆，长满青黑色的刺，名叫牛伤，它的根也有青黑色的纹理，服用这种草可以治疗逆气病，在身上佩戴它还可以防御兵戈战祸。狂水从这座山的南面发源，向西南流入伊水，水里多产三足龟，食用它的肉可以避免生大病，还可以驱除皮肤上的肿块。

注释

苦（kǔ）山：古山名。

㻬（tú）琈（fú）：在《山海经》中多次出现的玉石名。

苍伤：青黑色的刺；伤，指刺。

厥（jué）：逆气病。

三足龟：典籍《尔雅》将龟分为十种，一神龟，二灵龟，三摄龟，四宝龟，五文龟，六筮龟，七山龟，八泽龟，九水龟，十火龟。其中三足龟有专门的名称，叫贲（bì）龟。郭璞《山海经图赞》，“造物维均，靡偏靡颇。少不为短，长不为多。贲能三足，何异鼋（yuán）鼍（tuó）”。这是说造物主对万物生灵一视同仁，没有偏颇，麻雀虽小，仍令其五脏俱全；贲这种龟虽然长了三条腿，但和大龟、鳄鱼相比没什么两样，都是自然而然存在的生灵。

三足龟

𤟹

原文

又东南二十里，曰乐马之山。有兽焉，其状如彙，赤如丹火，其名曰𤟹，见则其国大疫。

译文

再向东南二十里，是乐马山。山中有一种动物，长得像刺猬，浑身上下红得像火，名叫𤟹，它出现的国家往往会有大瘟疫蔓延。

注释

彙（huì）：猬鼠，即刺猬。

𤟹（lì）：创作这个形象时，将重点放在了对其毛色的描述"赤如丹火"，和"𤟹"字的字形上，"𤟹"字左"犬"右"戾"，字中含有两个"犬"字，所以造型偏重了犬科动物，而不是原文中描述的长得像刺猬。赤若丹火，名中带戾，这可能是一种脾气比较大的动物。

狏狼

原文

又东四百里，曰蛇山，其上多黄金，其下多垩，其木多栒，多豫章，其草多嘉荣、少辛。有兽焉，其状如狐，而白尾长耳，名狏狼，见则国内有兵。

译文

再向东四百里，是蛇山，山上多黄金，山下多白垩矿，山上多是栒树和豫章树，草多是嘉荣草和少辛草。山中有一种动物，长得像狐狸，却有白色的尾巴，长长的耳朵，名叫狏狼。它出现的国家往往会有兵戈战祸。

注释

狏（shì）狼：一种可以预兆兵祸的异兽。狏，《玉篇》记载，“兽如狐，白尾”。值得注意的是，除了能预兆水旱灾害之外，《山海经》中提到的可以预兆战争兵祸，或者可以抵御兵祸的动物也很多，如狏狼、朱厌、梁渠、寓鸟、飞鱼等。这些动物身上可能寄托了古代百姓对和平的向往。上古时代的各个国家、部族之间的征伐很多，战争和自然灾害一样，会对普通百姓的生产生活造成巨大的干扰和破坏，铸剑为犁、风调雨顺自然成为黎民最普遍的祈望。

蛇山

化蛇

原文

又西三百里，曰阳山，多石，无草木。阳水出焉，而北流注于伊水。其中多化蛇，其状如人面而豺身，鸟翼而蛇行，其音如叱呼，见则其邑大水。

译文

再向西三百里，是阳山，山上多石头，不生植被。阳水从这座山发源，向北流入伊水。水中有许多化蛇，它们长了人的脸、豺的身体和鸟的翅膀，像蛇一样蜿蜒前行，叫声像人的叱责呼喊声，它出现的城邑往往会有大水患。

注释

化蛇：一种集人、豺、鸟、蛇四种动物特征于一身的异兽，可能体现了古人对水灾等不可抗自然灾害的畏惧心理。

蛫

原文

又东南二百里，曰即公之山，其上多黄金，其下多㻬琈之玉，其木多柳、杻、檀、桑。有兽焉，其状如龟，而白身赤首，名曰蛫，是可以御火。

译文

再向东南二百里，是即公山，山上有许多黄金，山下有许多㻬琈玉石，树木多是柳树、杻树、檀木和桑树。山中有一种动物，长得像乌龟，却有白色的身体和红色的头，名叫蛫，饲养它可以防御火灾。

注释

蛫（guǐ）：出自即公山的异兽。

即公

𤟤

原文

又西一百二十里，曰厘山，其阳多玉，其阴多蒐……滽滽之水出焉，而南流注于伊水。有兽焉，名曰𤟤，其状如獳犬而有鳞，其毛如彘鬣。

译文

再向西一百二十里，是厘山，山的南面有许多美玉，北面生长着许多茜草……滽滽河从这里发源，向南流入伊水。水中有一种动物，名叫𤟤，长得像怒犬却有鳞片，身上的毛像猪鬃。

注释

滽（yōng）滽之水：古河名。

獳（nòu）犬：指怒犬。

𤟤（xié）：和犀渠同出厘山，是一种集合了犬和鱼两种动物生理特征的水兽，生活在伊水中。在《中山经》里，伊水是一条出现频率比较高的河流，狂水、鲜水、阳水、滽滽之水等众多支流都汇入其中。《中山经》也记载，伊水最终流入的是洛水。《中山经》中关于伊洛两河的记录，大部分和今天的实地水文考察相符，两河交汇后被称为伊洛河。历史上，伊水、洛水作为黄河重要的支流，曾经为中原地区古文明的孕育和发展做出了重要贡献，著名的二里头遗址即位于两河之间，龙门石窟位于伊河两岸，两河孕育出的辉煌古文明被誉为“伊洛文明”。

三首国

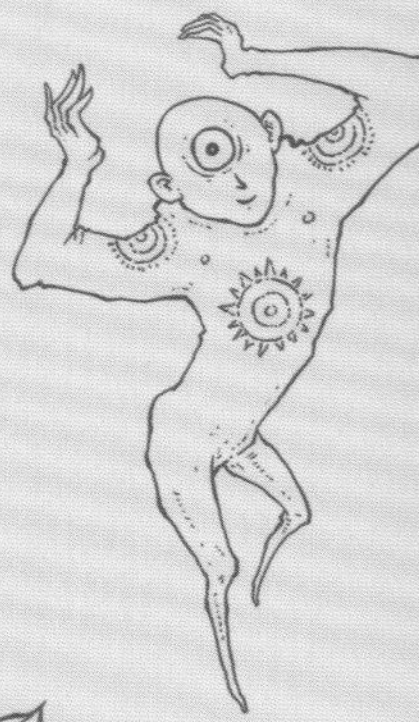

一目国

并封

一目国

一目国

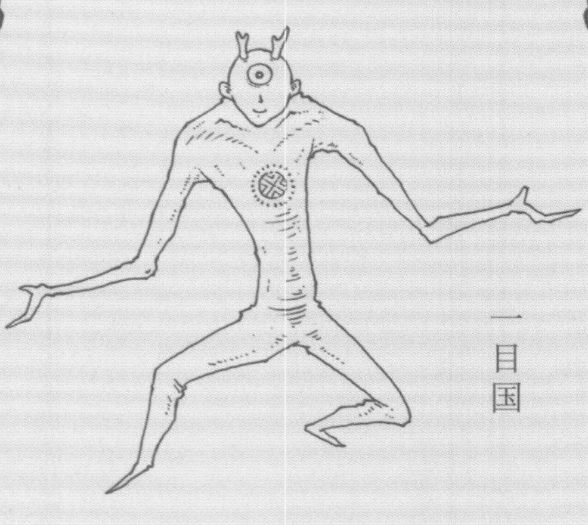

一目国

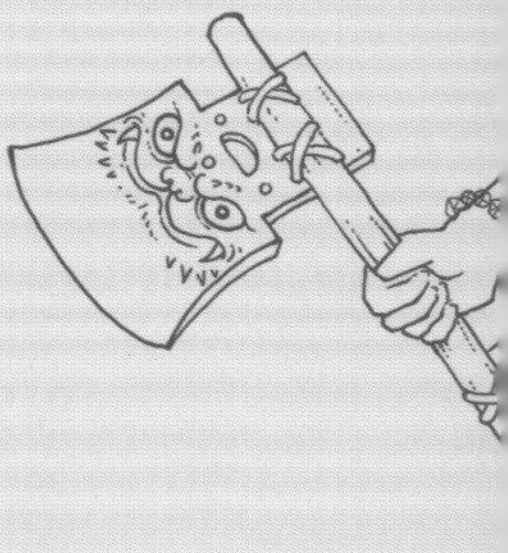

海外经

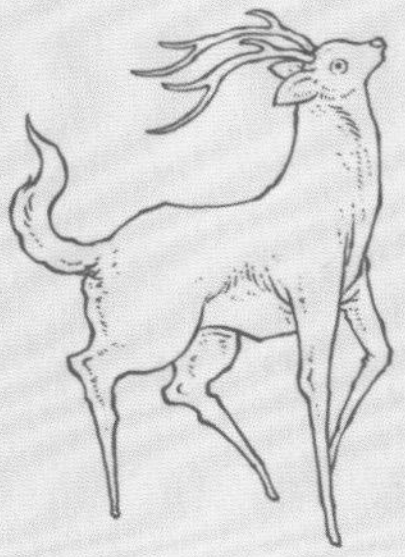

《海外经》共四篇，包括《海外南经》《海外西经》《海外北经》《海外东经》，记录了诸多海外异域的神奇国度及其国民，如三身国、一臂国、长股国等。收录了夸父逐日、禹杀相柳，以及“以乳为目、以脐为口、操干戚以舞”的刑天等古老传说。这些传说并不仅仅收录于《海外经》部分，也见于其他章节，《海外经》还记录了大禹、共工、夏启等上古帝王、巫神兼有的战争、祭祀等形迹。原文中对烛阴和相柳这两位以蛇为原型的妖神的描述，行文尤其雄奇瑰丽。

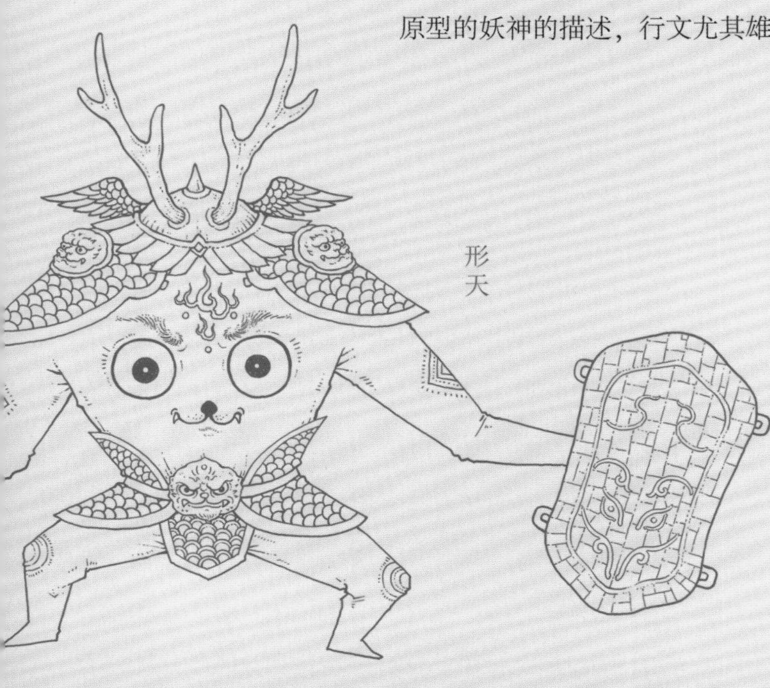

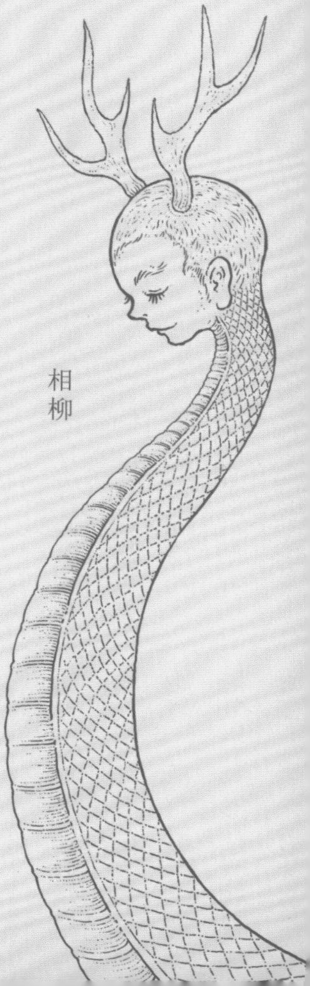

羽民

原文

羽民国在其东南，其为人长头，身生羽。一曰在比翼鸟东南，其为人长颊。

译文

羽民国在它（指前文中的比翼鸟）的东南方向，羽民人生得头比较长，身上长有羽毛。另一种说法是羽民国在比翼鸟的东南方，这里的人面颊比较长。

注释

羽民：郭璞对羽民的注解有两处，一是对《海外南经》原文的注释，“能飞不能远，卵生，画似仙人也”。二是他在《山海经图赞》中的评述，“鸟喙长颊，羽生则卵。矫羽而翔，龙飞不远。人维倮（luǒ）属，何状之反”。东晋张华《博物志》记载，“羽民国民，有翼，飞不远。多鸾鸟，民食其卵。去九嶷（yí）四万三千里”。按以上古人的记载，羽民是集合了鸟类特征的一种异域奇人，有翅膀，身生羽毛，卵生。这是《山海经》中极具想象力的一种形象，可能也是后世神话传说中类似形象的源头，汉代画像石和壁画中大量出现的羽人，其渊源可能就是《海外南经》中的羽民。《山海经》最后一篇《海内经》记载：“有盐长之国，有人焉鸟首，名曰鸟氏。”盐长国人身鸟首的鸟氏人，也是一种集合了鸟类特征的奇人。江西省博物馆藏有一件商代红色玉雕羽人像，和许多著名商代文物一起出土于江西新干大洋洲遗址，玉羽人长了鸟喙，身上刻有羽毛和翅膀，反映了上古时代该地区的鸟图腾和鸟崇拜现象。

羽民

三首国

原文

羿与凿齿战于寿华之野，羿射杀之。在昆仑虚东。羿持弓矢，凿齿持盾，一曰戈。

三首国在其东，其为人一身三首。

译文

后羿和凿齿在寿华泽的野外决战，后羿引弓射死凿齿。这场战争发生在昆仑山的东面，后羿使用弓箭，凿齿手持盾牌，也有说他拿的是戈。

三首国在寿华之野的东面，这个国家的人是一个身体，三个头。

注释

凿齿：郭璞注，“凿齿亦人也，齿如凿，长五六尺，因以名云”。郭璞认为凿齿是一个人，另有说法认为凿齿是一种牙齿很长的凶兽，因作恶被后羿杀死。

三首国：一个身体、三个脑袋的三首国人颇具童话色彩。三生万物，“三”是《山海经》中出现频率比较高的一个数字，许多形象都具有三的特征，例如三目、三翼、三青兽、三青鸟等，一身三首国和《海外西经》中的一首三身国也属于这种情况。《海内西经》记载：“服常树，其上有三头人，伺琅玕（gān）树。”住在树上的三头人和此处的三首国人形象相同。

并封

原文

巫咸国在女丑北，右手操青蛇，左手操赤蛇。在登葆山，群巫所从上下也。

并封在巫咸东，其状如彘，前后皆有首，黑。

译文

巫咸国在女丑的北方，这个国家的人右手拿一条青蛇，左手拿一条红蛇。此国位于登葆山，巫师们通过这座山上下于天地之间。

并封在巫咸国的东面，它长得像猪，身体前后各有一个头，是黑色的。

注释

巫咸：也见于《大荒西经》记载的“灵山十巫”，“有灵山，巫咸、巫即、巫肦（fén）、巫彭、巫姑、巫真、巫礼、巫抵、巫谢、巫罗十巫，从此升降，百药爰在”。登葆山和灵山类似，都是巫师沟通天地的媒介。

并封是只双头猪，有成语“封豕长蛇”或“封豨（xī）修蛇”，比喻残暴贪婪的侵略者，其中的豕和豨都指猪，也用到了“并封”中的“封”字。猪在中国文化里可谓源远流长。“家”字的字形结构，从甲骨文至今，一直都是屋顶下面有只猪。有一种观点认为我国古代猪龙一体，新石器时代龙山文化标志性器物“玉猪龙”的命名，主要是因为这种 C 形玉器有一个猪鼻子。上海博物馆收藏一件罕见的商代青铜猪卣，其造型是四脚双头的猪，和《山海经》中对并封的外形描述极其接近。在湖北和湖南，古代巫术盛行的湘楚之地，也出土了多件并封造型的战国双头猪形漆盒。并封真可谓来自洪荒时代的久远异兽。

乘黄

原文

白民之国在龙鱼北，白身被发。有乘黄，其状如狐，其背上有角，乘之寿二千岁。

译文

白民之国在龙鱼北面，国人通身白色、身披长发。白民国有一种动物叫乘黄，它们长得像狐狸，背上长角，骑着它就可得享两千岁高寿。

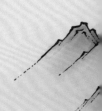

注释

被（pī）：同披。

乘黄：这也是《山海经》里一种以狐为原型的异兽。郭璞《山海经图赞》，“飞黄奇骏，乘之难老。揣角轻腾，忽若龙矫。实鉴有德，乃集厥早”。“乘之难老”是一种多么美妙的想象，青春永葆，寿两千岁几乎就是传统祝寿贺词中的“寿与天齐”了。宋代《太平广记》记载：“狐千岁即与天通，为天狐。”活到千岁的狐狸被视为天狐，具有神性。《太平广记》还记载：“唐初以来，百姓多事狐神。房中祭祀以乞恩，食饮与人同之，事者非一主。”当时有谚曰：“无狐魅，不成村。”记载了唐代的狐神信仰，百姓家中祭祀它们以祈求保佑。“天地间之物，惟狐最灵”，试想我国种种神话传说、志怪小说中如果缺少了狐狸这一重要角色，该会减色多少。

灭蒙

原文

灭蒙鸟在结匈国北，为鸟青，赤尾。

大运山高三百仞，在灭蒙鸟北。

译文

灭蒙鸟在结匈国的北面，这种鸟通身青色，尾巴是红色的。

大运山在灭蒙鸟的北面，山高三百仞。

注释

仞：古代的长度单位，一仞在周制中为八尺，在汉制中为七尺。三百仞形容山之高。郭璞《山海经图赞》，“青质赤尾，号曰灭蒙，天运之山，百仞三重”。

三身国

原文

大乐之野，夏后启于此儛九代，乘两龙，云盖三层。左手操翳，右手操环，佩玉璜。在大运山北，一曰大遗之野。

三身国在夏后启北，一首而三身。

译文

夏启在大乐之野观看九代乐舞，他乘着两条龙，有三层云盖随扈，左手拿着鸟羽制作的华盖，右手拿着玉环，佩戴着玉璜。此处位于大运山以北，也有一种说法认为夏启观舞是在大遗之野。

三身国，在夏启的北面，国人长了一个脑袋，三个身体。

注释

夏后启：即夏启，夏代的第二任君主，大禹的儿子。

儛（wǔ）：同舞。

翳（yì）：鸟羽毛作的华盖，起遮蔽作用，《海内经》有翳鸟。

三身国：在《大荒南经》中另有记载，“大荒之中，有不庭之山，荣水穷焉。有人三身，帝俊妻娥皇，生此三身之国，姚姓，黍食，使四鸟”。这段文字描述了三身国人是上古天帝帝俊的后裔。三身国的形象设定和《西山经》中的一首三身鸟——鵸类似，都采用了平面化的处理，以一个头为中心，三角形构图，三个身体平均分布。想来，“一首三身”比起“一身三首”，无论是人还是鸟，移动时肢体的协调难度都要大得多。

刑天

原文

刑天与帝至此争神，帝断其首，葬之常羊之山。乃以乳为目，以脐为口，操干戚以舞。

译文

刑天和天帝之间发生争斗，天帝砍掉了刑天的头，再把他的头埋在了常羊山。断首的刑天将躯干上的乳头化作双目，肚脐化作嘴巴，一手拿着盾牌，一手拿着斧钺，仍然在挥舞战斗。

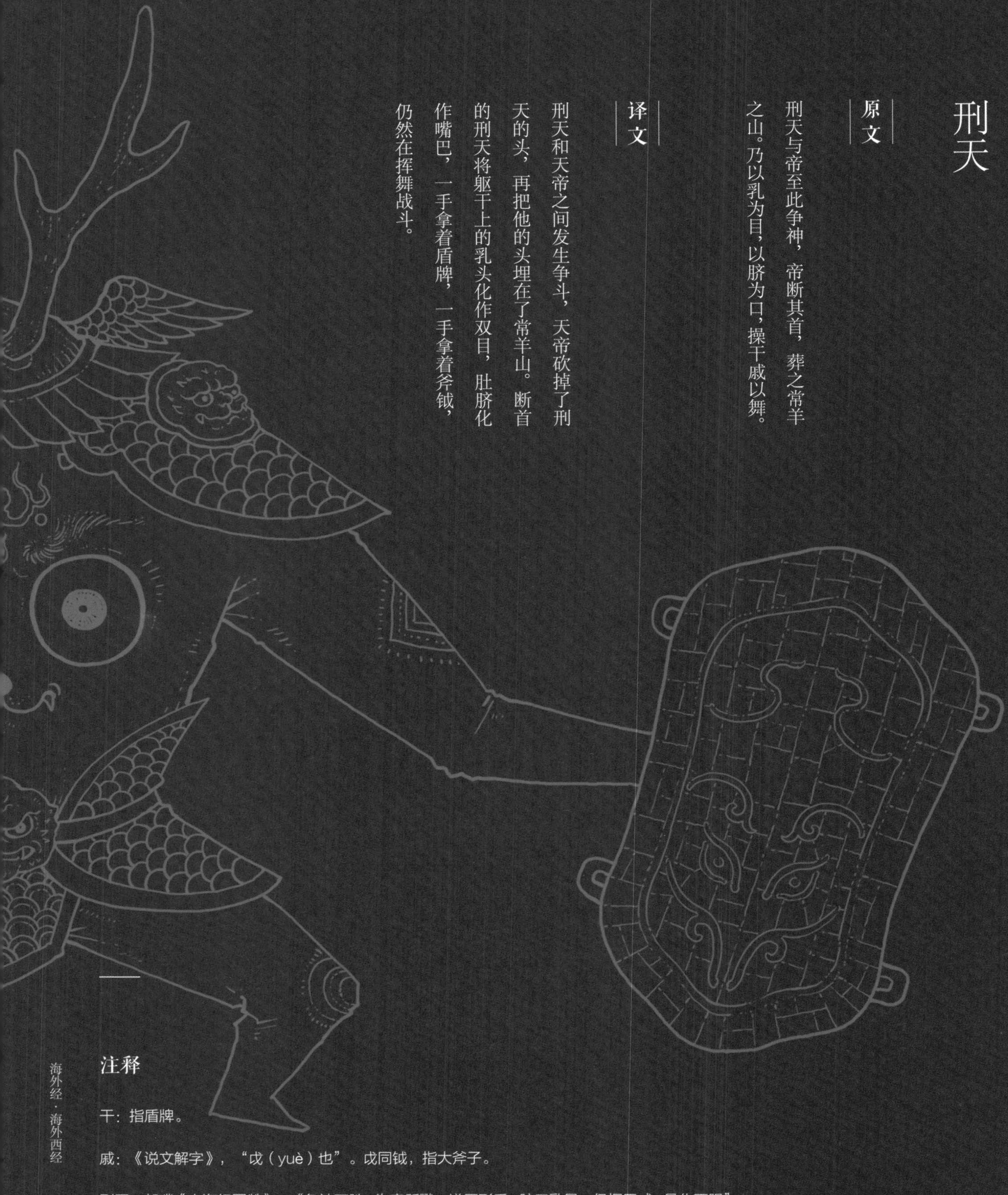

注释

干：指盾牌。

戚：《说文解字》，“戉（yuè）也”。戉同钺，指大斧子。

刑天：郭璞《山海经图赞》，“争神不胜，为帝所戮，遂厥形夭，脐口乳目，仍挥干戚，虽化不服”。刑天作为战败方，即使脑袋掉了仍然不屈不挠，乳化目，脐化口，接着战斗。《大荒西经》：“有人无首，操戈盾立，名曰夏耕之尸。”这和对刑天的描述非常接近。刑天历来是《山海经》中知名度比较高的一个形象，乳目脐口实在太具有想象力和独特性，以至于广为人知。在西方传说中，也存在类似的无头神人形象。创作时，盾牌参考了二里头遗址出土的绿松石镶嵌盾形饰物。

相柳

原文

共工之臣曰相柳氏，九首，以食于九山。相柳之所抵，厥为泽溪。禹杀相柳，其血腥，不可以树五谷种。禹厥之，三仞三沮，乃以为众帝之台。在昆仑之北，柔利之东。相柳者，九首人面，蛇身而青。

译文

相柳是共工氏的一位臣子，他有九个脑袋，以九座大山的物产为食。相柳所经过的地方，地面都会坍塌下陷而成为沼泽和溪谷。大禹将相柳杀死，他的尸体流出的血奇臭无比，被血浸泡过的土地再不能种植五谷。大禹挖掘治理这块被污染的土地，地面挖掘三次都再度塌陷下去，难以治理。大禹于是就将土挖出来堆成了祭祀众位帝王的高台。这些高台在昆仑山以北，柔利国以东。相柳长了九个头，人脸蛇身，通身青色。

注释

共工：共工氏，上古天神，曾被大禹战败。

九山：指相柳的九个头各自以一座山的物产为食。

相柳：相柳是人面蛇身的大妖怪。原文中对凶神相柳的事迹描述堪称奇幻瑰丽，涉及上古传说时代部落氏族首领之间的斗争。水患蔓延，生灵涂炭，大禹应天命治水，而作为水神、掌控洪水的共工氏与之为敌，相柳作为部属邪神被杀死。亦真亦幻的离奇描述，读来颇有一种“洪荒”之感。可能是巧合，在传说中的古本易书《归藏》中有对共工氏外貌的记载：“共工人面蛇身朱发”。按照这条记载，共工氏其实和相柳一样，都是人首蛇身。《大荒北经》中记载有相繇，也是九首蛇身，和此处对相柳的描述大致相同。

⊙·一目国

原文

一目国，在其东，一目中其面而居。一曰有手足。

译文

一目国，在钟山的东面，这个国家的人，在脸的中间长着一只眼睛。也有一种说法是他们也长有手足。

注释

一目国和后文《海内北经》中的鬼国描述类似，都是独眼怪人。东西方都存在独眼怪物的传说和故事，可能是对畸形生理现象的一种神话演绎和解读。郭璞《山海经图赞》，“苍四不多，此一不少，于野冥瞽（gǔ），洞见无表，形遊逆旅，所贵维眇”。

一目国

烛阴

原文

钟山之神，名曰烛阴，视为昼，瞑为夜，吹为冬，呼为夏，不饮，不食，不息，息为风，身长千里。在无䏿之东。其为物，人面，蛇身，赤色，居钟山下。

译文

钟山山神名叫烛阴，当它睁开眼睛时是白天，闭上眼睛时是夜晚，吹气时是冬天，呼气时是夏天，不喝不吃，呼吸时吐出的气息便化为风，身体长达千里。在无䏿国的东面。它长着人的脸，蛇的身体，赤红色，居住在钟山之下。

注释

䏿（qǐ）：小腿肚子。无**䏿**是海外国名。

烛阴：烛阴也称烛龙，和相柳都是人面蛇身的形象。郭璞《山海经图赞》，“天缺西北，龙衔火精。气为寒暑，眼作昏明，身长千里，可谓至灵”。将钟山之神烛阴视为天地间的至灵。《海外北经》中描述烛阴的古文字非常有气势、灵性和美感。“视为昼，瞑为夜，吹为冬，呼为夏，息为风”，寥寥数语将主宰日月交替、四季轮回的一方神明描述得极具画面感和想象力。

氐人
朱蛾
鬼国

阘非

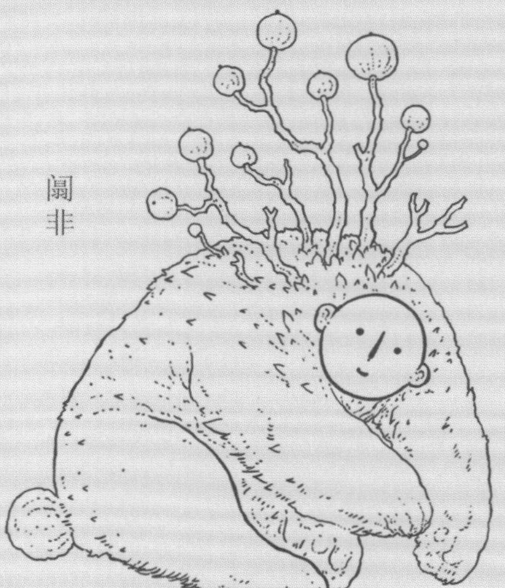

海内经

阘非

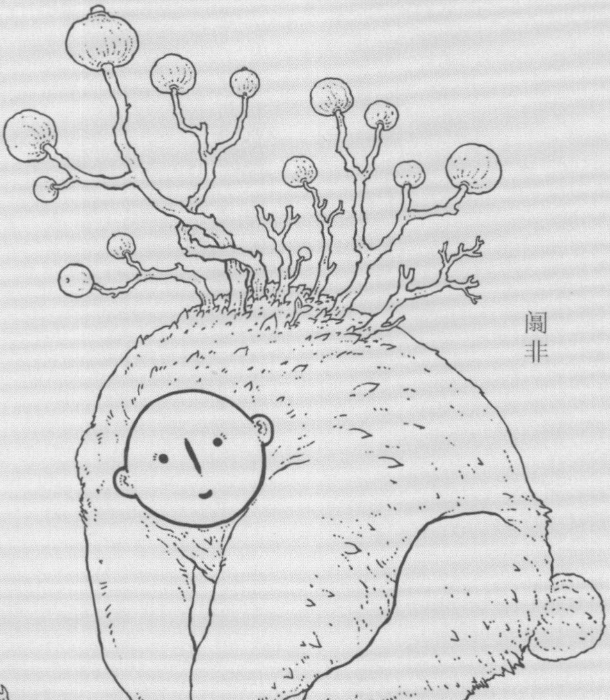

穷奇

氐人

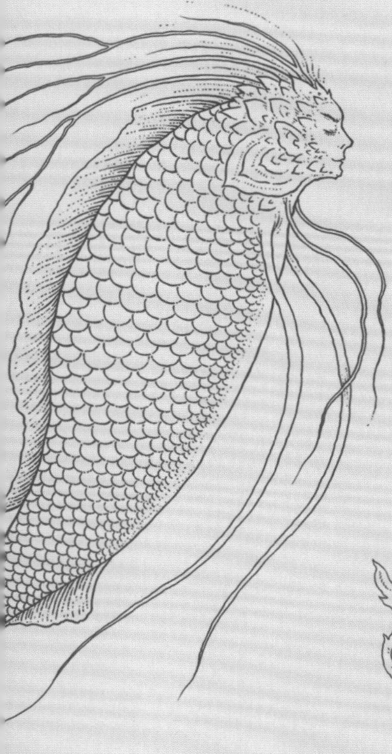

《海内经》包含《海内南经》《海内西经》《海内北经》《海内东经》四部分。多记录海内地区不同国家、氏族的风俗样貌，例如匈奴、东胡、东夷、犬戎等有据可考的部落氏族。间有想象中的国度，例如人首鱼身的氐人国；也有虎身鸟翼的穷奇、虎身九首的开明、能吞食大象的巴蛇等奇幻生物。

氐人

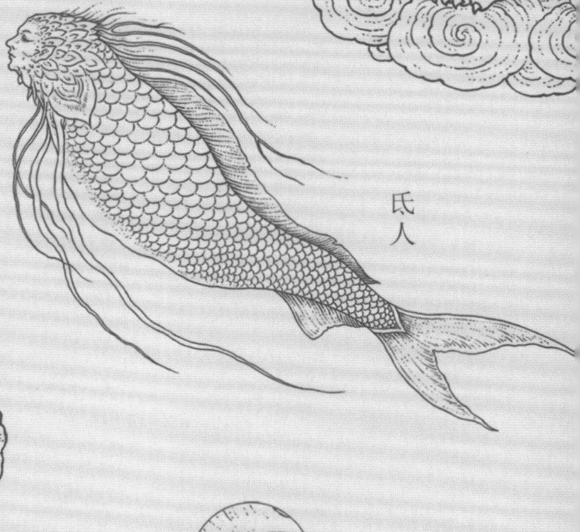

兕

氐人国

原文

有木，其状如牛，引之有皮，若缨、黄蛇。其叶如罗，其实如栾，其木若蓲，其名曰建木。在窫窳西弱水上。氐人国，在建木西，其为人人面而鱼身，无足。

译文

有一种树，树枝上寄生了非常多的灵芝等瑞草，所以使得这种树的外形看起来像牛一样，拉扯它的枝条就会有树皮掉下来，树皮像冠带和黄蛇。叶子像罗网，果实像栾树的果子，树干像刺榆，名叫建木。生长在窫窳以西的弱水边上。氐人国就在建木神树的西边，这个国家的人长着人的脸和鱼的身体，但没有脚。

注释

其状如牛：郭璞注，“芝草树生，或如车马，或如龙蛇之状，亦此类也”。树上寄生了许多芝草，看起来拥挤熙攘。

蓲（ōu）：同“櫙”，指刺榆。

建木：《海内经》有“九丘建木”，建木是《山海经》中记载的可以沟通天地的神树。

窫（yà）窳（yǔ）：一种龙头异兽。

氐（dī）人：一种人面鱼。人鱼或鱼人传说由来已久。《海内北经》记载有类似的陵鱼，“陵鱼人面，手足，鱼身，在海中”。陵鱼长有手足，相比氐人更接近人的形象。《诗经·小雅·鹤鸣》记载，“鱼潜在渊，或在于渚”。除临渊羡鱼，退而结网的选择之外，还可以借助想象、文字和图画，把人和鱼拼合到一起，以另一种方式遨游于人类不能长期生存的水域。

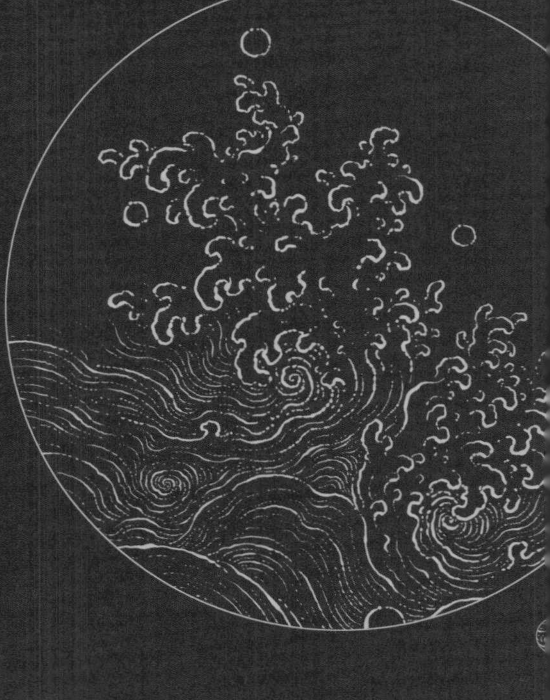

兕

原文

兕在舜葬东，湘水南。其状如牛，苍黑，一角。

苍梧之山，帝舜葬于阳，帝丹朱葬于阴。

译文

兕在舜帝陵墓以东，湘水以南。长得像牛，通身青黑色，头上有一只角。

苍梧山，舜帝埋葬在这座山的南面，帝丹朱埋葬在北面。

注释

兕（sì）：即犀牛，杜甫有诗句，“山寒青兕叫，江晚白鸥饥”。古籍《竹书记年》记载，“昭王十六年，伐荆楚，涉汉，遇大兕”。西周昭王十六年，周王曾经帅军讨伐荆湘楚地，渡过汉水的时候碰到了一只大犀牛。无论《竹书记年》的记载可靠与否，这都是一段引人遐想的记载，毕竟在今天的中国，在野外遇见一只野生犀牛几乎是不可能的事了。

鬼国

原文

鬼国在贰负之尸北，为物人面而一目。一曰贰负神在其东，为物人面蛇身。

译文

鬼国在贰负之尸神的北面，这个国家的人长着人的脸，脸上只有一只眼睛。也有一种说法是贰负之尸神在鬼国的东面，这位神长着人的脸和蛇的身体。

注释

鬼国：单眼怪人的形象也见于《海外北经》中的一目国，《大荒北经》也有类似记载，“有人一目，当面而生。一曰是威姓，少昊之子，食黍”。白帝少昊氏是传说中的三皇五帝之一，东夷族首领，东夷部落位于今天的山东地区。如果按“少昊之子”的记载，这种单眼国人出身颇为不凡。

鬼国

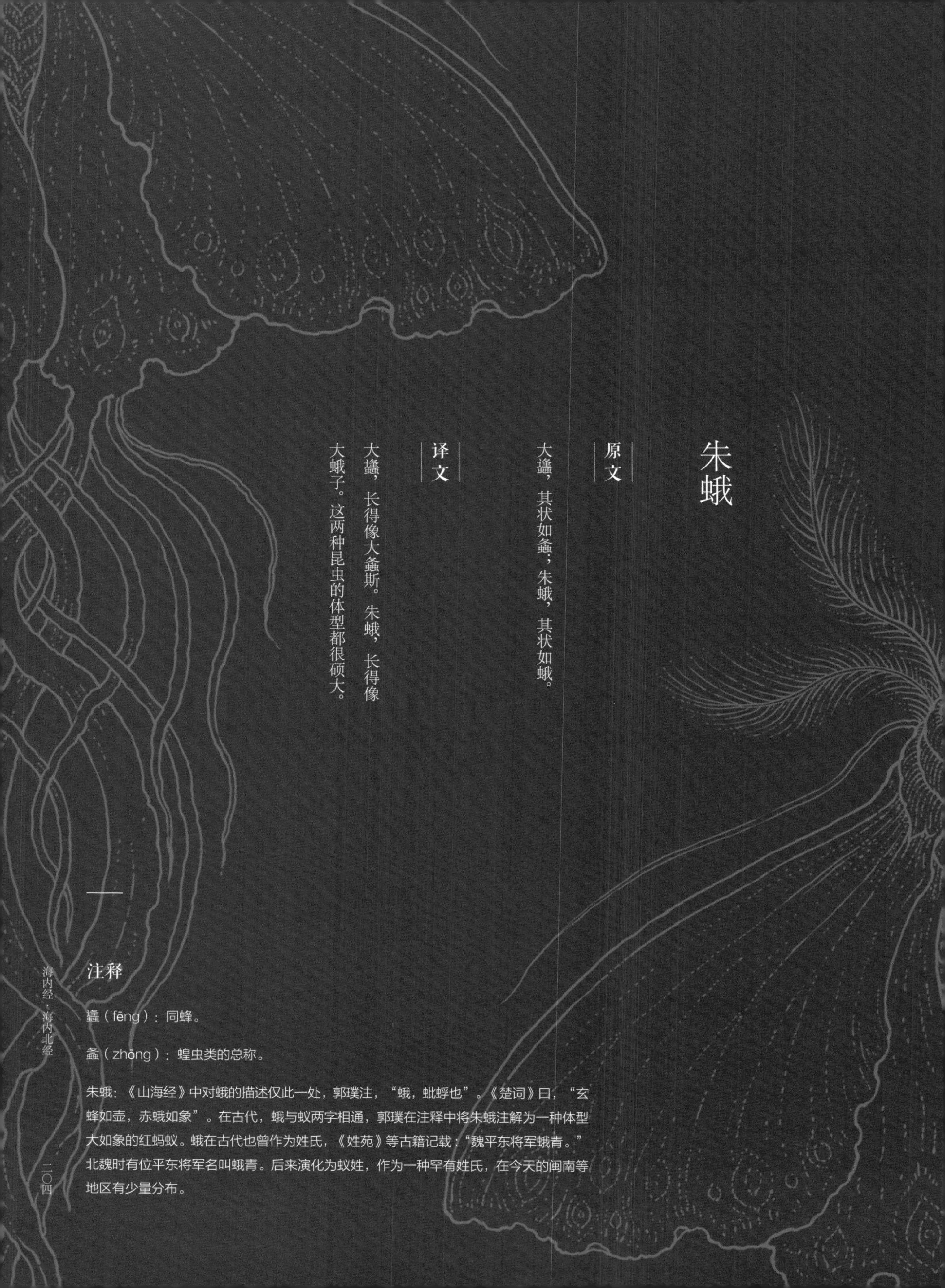

朱蛾

原文

大蠭，其状如螽；朱蛾，其状如蛾。

译文

大蠭，长得像大螽斯。朱蛾，长得像大蛾子。这两种昆虫的体型都很硕大。

注释

蠭（fēng）：同蜂。

螽（zhōng）：蝗虫类的总称。

朱蛾：《山海经》中对蛾的描述仅此一处，郭璞注，“蛾，蚍蜉也”。《楚词》曰，“玄蜂如壶，赤蛾如象”。在古代，蛾与蚁两字相通，郭璞在注释中将朱蛾注解为一种体型大如象的红蚂蚁。蛾在古代也曾作为姓氏，《姓苑》等古籍记载：“魏平东将军蛾青。”北魏时有位平东将军名叫蛾青。后来演化为蚁姓，作为一种罕有姓氏，在今天的闽南等地区有少量分布。

穷奇

原文

穷奇状如虎，有翼，食人从首始。所食被发。在蜪犬北。一曰从足。

译文

穷奇长得像老虎，但是长有翅膀，吃人从头开始，被吃之人的头发披散开。它出没的位置在蜪犬以北。另一种说法是它吃人是从脚开始吃的。

注释

蜪（táo）犬：《海内北经》，“蜪犬如犬，青，食人从首始”。蜪犬和穷奇一样，都是吃人的异兽。

穷奇：是《山海经》中知名度相对较高的一种虎形异兽。郭璞《山海经图赞》，“穷奇之兽，厥形甚丑；驰逐妖邪，莫不奔走；是以一名，号曰神狗”。它外貌比较丑陋，会对其他妖邪怪兽穷追不舍，所以得名“穷奇”，别名叫神狗。《西山经》中也记载有另一种同名的穷奇，不过“其状如牛”，长得像牛，共同点是都会吃人。

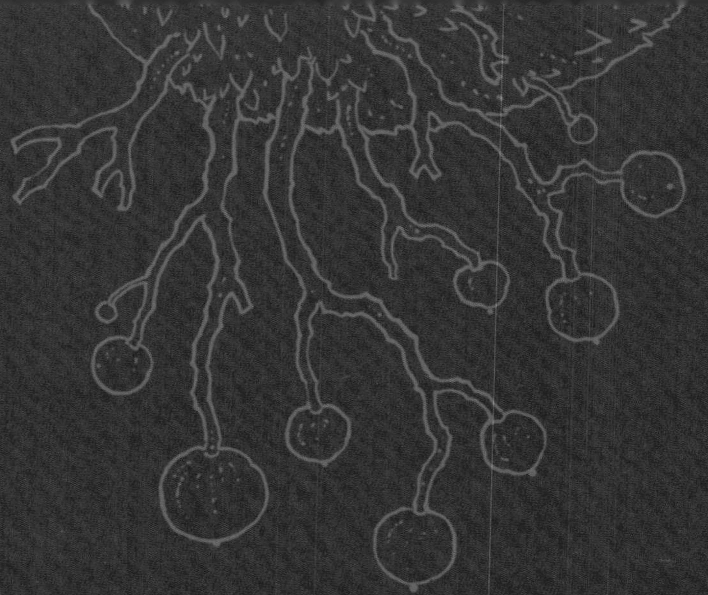

阘非

原文

阘非，人面而兽身，青色。

译文

阘非，长了人的脸，兽类的身体，通身上下都是青色的。

注释

阘（tà）非：原文中对阘非这种异兽的着墨寥寥几句，仅有人面兽身和青色两点。青是《山海经》中是出现频率非常高的一种颜色，如青丘之山、青要之山、蛇身而青、其为鸟青、有人衣青衣、青碧、青雘等，某种程度上堪称《山海经》的主题色。青指不同深浅的绿色和蓝色，可以对应“山”与“海”之色。

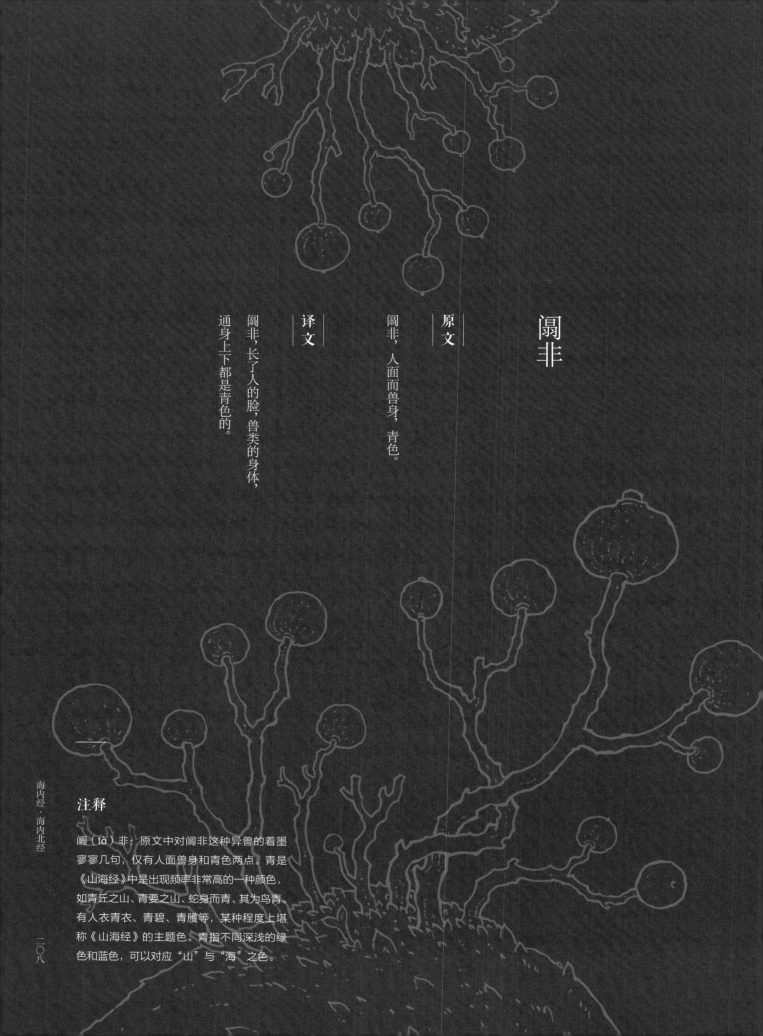

菌人
彊良
鴛
风伯
菌人
应龙

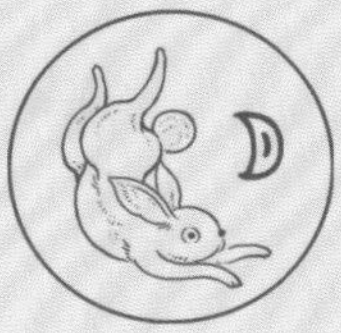

荒经

《荒经》包含了《大荒经》和全书的最后一篇《海内经》。其中《大荒经》又分为《大荒东经》《大荒南经》《大荒西经》《大荒北经》四部分。《山海经》中只有《大荒经》的四方顺序是按“东南西北”排列的，其他所有篇章都是按照“南西北东”的顺序，这可能与《山海经》是由古代不同时代的学者纂辑而成有关。

《荒经》中记录了大量神奇瑰丽的上古神话资料，如帝俊、羲和等创世天神，黄帝与蚩尤的战争，风伯、雨师、旱魃等调风驭雨的神明，大禹父子相继治水的事迹，以及体型微小的菌人、左右有首的跊踢等奇幻生灵。《山海经》原文最后一篇《海内经》也确实记录了一些与“海内”类似的情况，例如朝鲜和巴国，即属于“海内”有据可考的部族。

大言之山

原文

东海之外，大荒之中，有山名曰大言，日月所出。

译文

东海以外，大荒以内，有座山名叫大言，太阳和月亮从这座山出来。

注释

大言之山：《大荒东经》中有多处涉及“日月所出”的山，如，大荒之中，有山名曰合虚，日月所出；大荒中有山，名曰明星，日月所出；大荒之中，有山名曰鞠陵于天、东极、离瞀（mào），日月所出；大荒之中，有山名曰猗（yī）天苏门，日月所出；东荒之中，有山名曰壑（hè）明俊疾，日月所出。这些记录体现了独特的古代东方宇宙观。古人认为三足乌居于太阳之中，月兔居于月亮之中，古画中往往以这两种动物形象代指日月。长沙马王堆汉墓出土的汉代帛画最上方，天界之中就画有三足乌和月兔栖止的日和月。唐代诗人庄南杰有诗句，“乌飞兔走不相见，人事依稀速如电”，感叹光阴迅速，人生如寄。

之山

大言

鹓

原文

有女和月母之国，有人名曰鹓……是处东极隅以止日月，使无相间出没，司其短长。

译文

大荒之中有个女和月母国，国中有一位名叫鹓的神，这位神位居大地最东方的角落，能止住日月的运行，使它们的出没运行不会杂乱无序，控制着它们运行周期的长短。

注释

鹓（wǎn）：其形部为鸟，声部为宛。按《康熙字典》引用《正字通》注释，这个字除了专指神人名字之外，也可以作为一种凤鸟名。这位神明有控制日月更替的巨大能量。《大荒南经》记载，"羲和者，帝俊之妻，生十日"。《大荒西经》记载，"帝俊妻常羲，生月十有二"。帝俊是《山海经》中多次出现的一位上古天帝，他是诸多天上神明与人间帝王的始祖。羲和与常羲，是他的两位妻子，分别生了十个太阳和十二个月亮，这两位王后堪称"日月之母"。而"女和月母之国"中的"女和"似乎可以与"羲和"对应，而"月母"则可以与"常羲"对应。鹓作为此处的一位神明，有控制日月运行的能力也是顺理成章。

《大荒经》中记载的上古天神帝王谱系和涉及的创世神话，显得非常驳杂神秘、扑朔迷离，似乎记录了若隐若现的文明源头，这可能也是《山海经》作为东方神话渊薮的魅力之一。

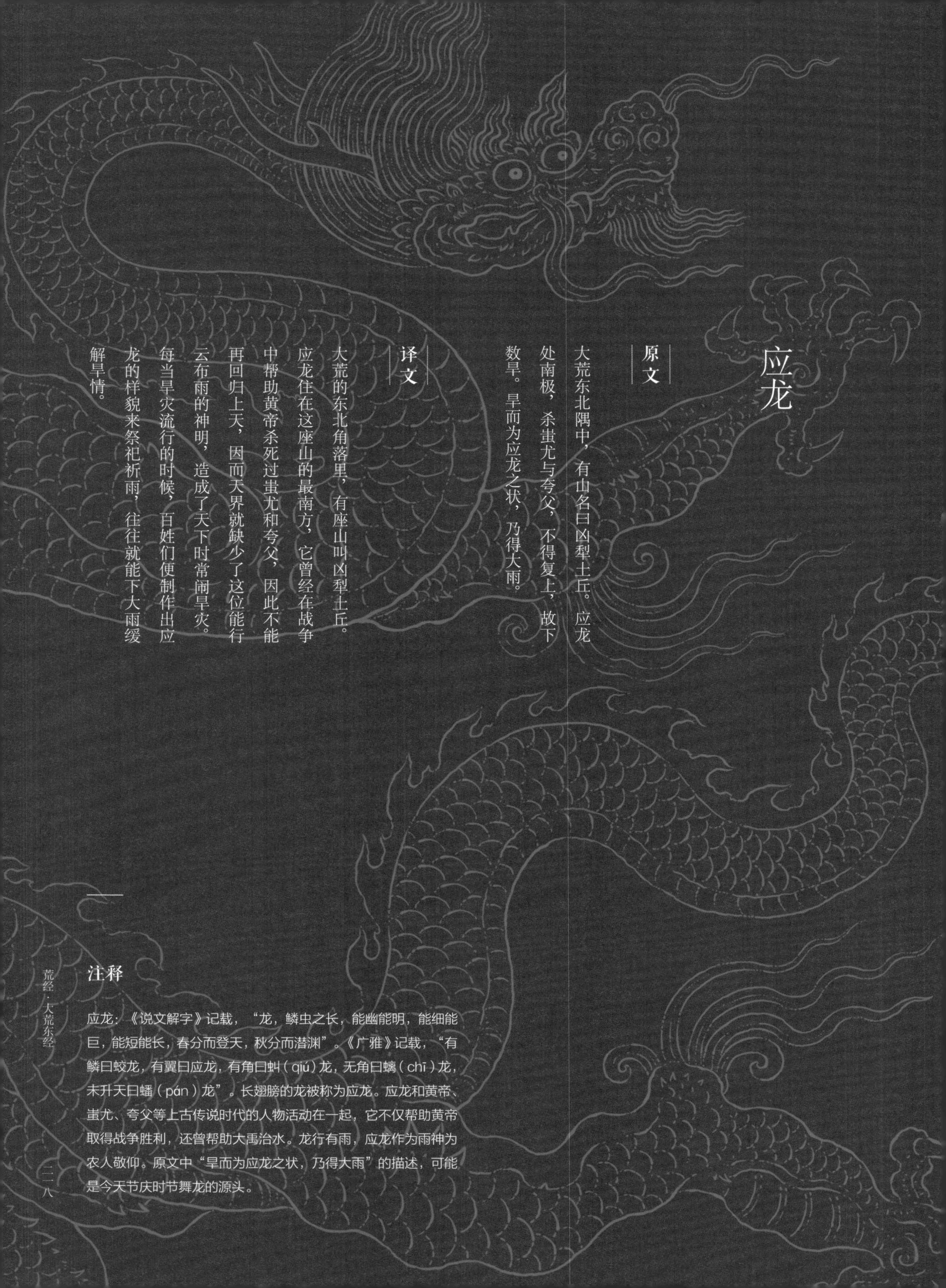

应龙

原文

大荒东北隅中，有山名曰凶犁土丘。应龙处南极，杀蚩尤与夸父，不得复上，故下数旱。旱而为应龙之状，乃得大雨。

译文

大荒的东北角落里，有座山叫凶犁土丘。应龙住在这座山的最南方，它曾经在战争中帮助黄帝杀死过蚩尤和夸父，因此不能再回归上天，因而天界就缺少了这位能行云布雨的神明，造成了天下时常闹旱灾。每当旱灾流行的时候，百姓们便制作出应龙的样貌来祭祀祈雨，往往就能下大雨缓解旱情。

注释

应龙：《说文解字》记载，“龙，鳞虫之长，能幽能明，能细能巨，能短能长，春分而登天，秋分而潜渊”。《广雅》记载，“有鳞曰蛟龙，有翼曰应龙，有角曰虬（qiú）龙，无角曰螭（chī）龙，未升天曰蟠（pán）龙”。长翅膀的龙被称为应龙。应龙和黄帝、蚩尤、夸父等上古传说时代的人物活动在一起，它不仅帮助黄帝取得战争胜利，还曾帮助大禹治水。龙行有雨，应龙作为雨神为农人敬仰。原文中“旱而为应龙之状，乃得大雨”的描述，可能是今天节庆时节舞龙的源头。

奢比尸

原文

有神，人面，犬耳，兽身，珥两青蛇，名曰奢比尸。

译文

有一位神明，长着人的脸，犬的耳朵，兽的身体，耳上挂着两条青蛇作为耳环，名叫奢比尸。

注释

珥（ěr）：指耳环，也指日月周围出现的圆形光环。

奢比尸：《海外东经》中也记载有奢比尸，描述基本相同。以蛇为耳环是《山海经》中诸多神明的一个共同点，如《海外西经》，“西方蓐（rù）收，左耳有蛇，乘两龙”。《大荒北经》：“北海之渚中，有神，人面鸟身，珥两青蛇，践两赤蛇，名曰禺彊（qiǎng）”。《海外东经》，“雨师妾，两手各操一蛇，左耳有青蛇，右耳有赤蛇”。这些神明似乎都以蛇为图腾，《山海经》全书涉及以蛇为原型的形象也比较多。

夔

原文

东海中有流波山，入海七千里。其上有兽，状如牛，苍身而无角，一足，出入水则必风雨，其光如日月，其声如雷，其名曰夔。黄帝得之，以其皮为鼓，橛以雷兽之骨，声闻五百里，以威天下。

译文

东海中有座山叫流波山，位于入海七千里的地方。山上有一种动物，长得像牛，苍青色的身体，没有角，只有一条腿，进出水面定会伴随着狂风暴雨，发出像太阳和月亮一样的光辉，叫声像打雷，名叫夔。黄帝捕获了它，用它的皮做成鼓面，拿雷兽的骨头作鼓槌，击鼓的声音可以传到方圆五百里内，黄帝用这面鼓来威慑天下。

注释

夔（kuí）：《山海经》中的独腿神牛。《黄帝内经》记载，“黄帝伐蚩尤，玄女为帝制夔牛皮鼓八十面，一震五百里，连震三千八百里”。夔牛因为叫声大如雷鸣，而被黄帝剥皮制成鼓面，以助军威。古代青铜乐器上的一爪龙纹，也常被称为夔龙纹，可能也是与它的叫声洪亮有关。西安碑林博物馆馆藏有著名的唐代景云钟，这座“天下第一名钟”上也铸有一只独腿夔牛的图案。

雨

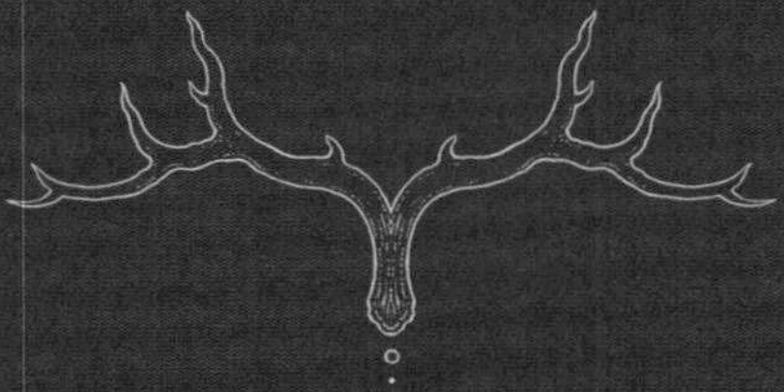

跊踢

原文

南海之外，赤水之西，流沙之东，有兽，左右有首，名曰跊踢。

译文

南海海外，赤水的西面，流沙的东面，有一种动物，左右两边各长着一个头，名叫跊踢。

注释

跊（chù）踢：异兽名，是一种双头怪兽。《大荒西经》记载，“有兽，左右有首，名曰屏蓬”。屏蓬这种动物也是同样的“左右有首”。在今天，双头生物仍然存在，其奥秘已为科学解释，但在上古时代完全不同的认知系统里，这种现象的出现恐怕确实会引起古人的种种神异联想。

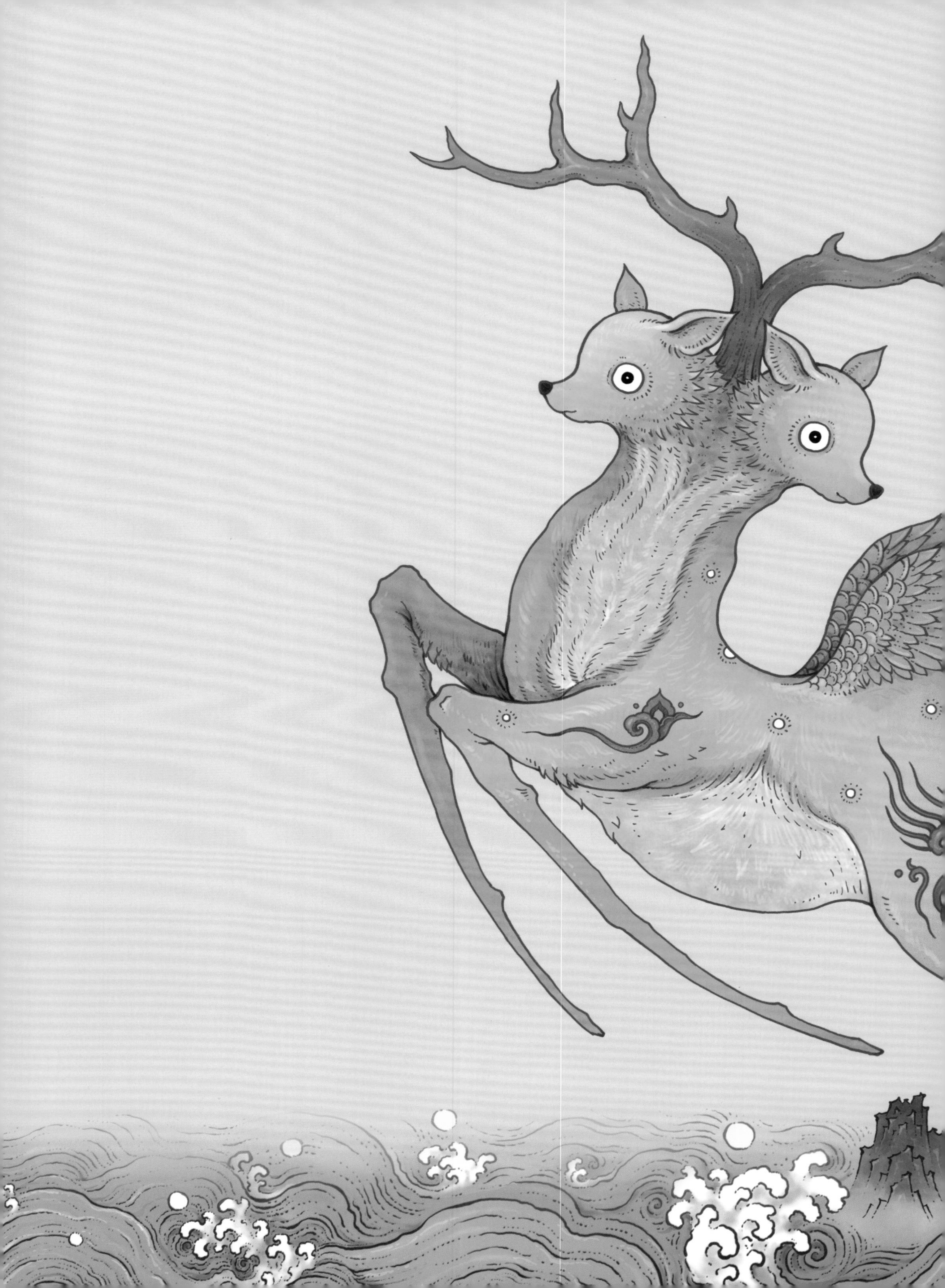

趹踢

菌人

原文

有小人，名曰菌人。

译文

有一种小小的人，名字叫菌人。

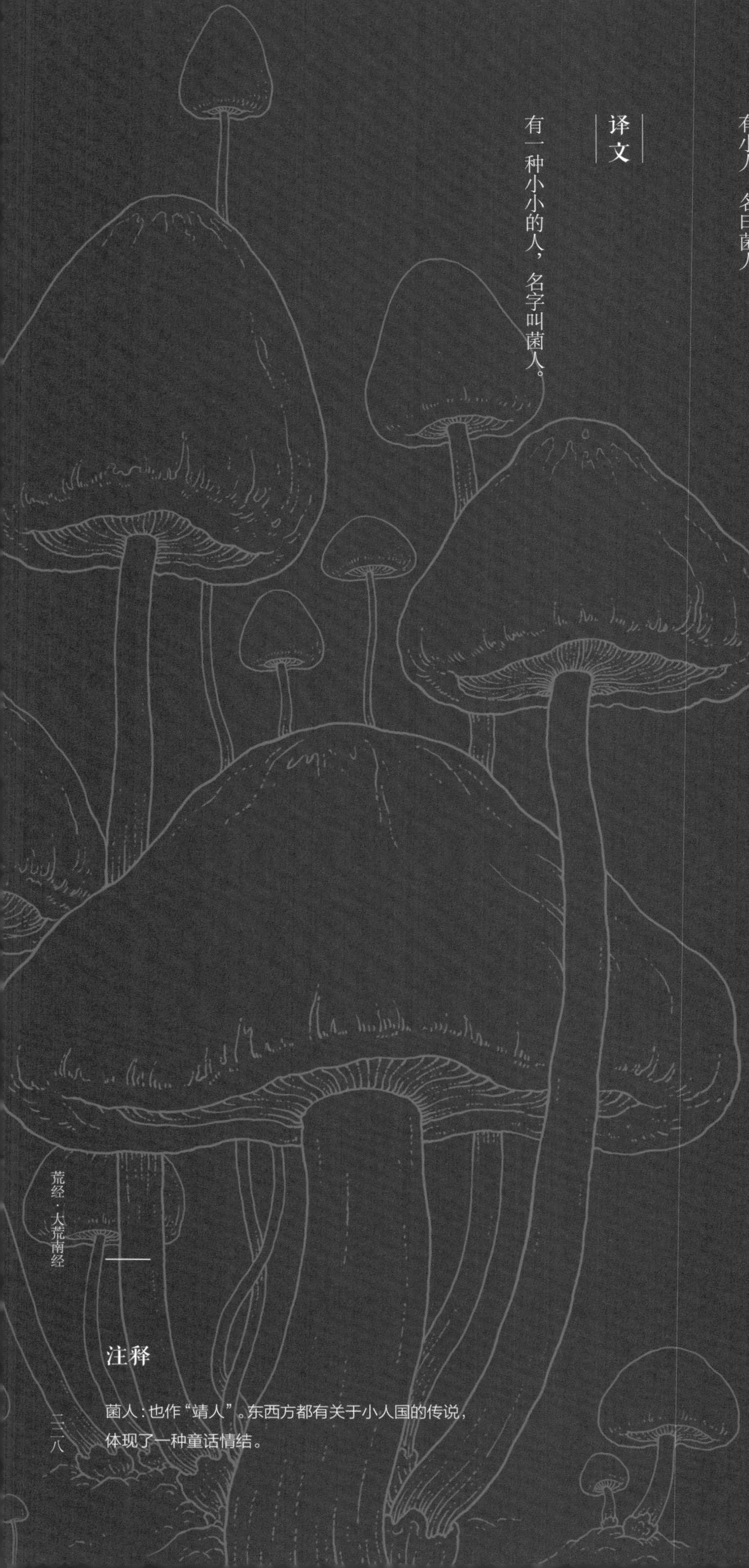

注释

菌人：也作“靖人”。东西方都有关于小人国的传说，体现了一种童话情结。

彊良

原文

大荒之中，有山名曰北极天柜，海水北注焉。有神，九首人面鸟身，名曰九凤。又有神衔蛇操蛇，其状虎首人身，四蹄长肘，名曰彊良。

译文

大荒之中，有座叫北极天柜的山，海水从北面注入这里。有一位神明，长了九个头，人的脸和鸟的身体，名叫九凤。还有一位嘴里衔着蛇、手里拿着蛇的神，长着老虎的头和人的身体，却长了四个动物蹄子，手肘很长，名字叫彊良。

注释

彊（qiǎng）良：郭璞《山海经图赞》，“仡（yì）仡强梁，虎头四蹄。妖厉是御，唯鬼咀魑（chī）。衔蛇奋猛，畏兽之奇”。“仡仡”形容威猛的样子，这段评述将彊良描述为一位降妖除魔、所向无敌的正义神明。《山海经》中以虎为原型的异兽、神明，往往也带有虎的威势，或能食人，或为一方主宰。

北极天柜

风伯

原文

有系昆之山者，有共工之台，射者不敢北乡。有人衣青衣，名曰黄帝女魃。蚩尤作兵伐黄帝，黄帝乃令应龙攻之冀州之野。应龙畜水。蚩尤请风伯雨师，纵大风雨。黄帝乃下天女曰魃，雨止，遂杀蚩尤。

译文

有一座山名叫系昆山，山上有共工氏的祭台。射箭的人不敢朝着这座祭台的北方射箭。附近有一位神人，身穿青色衣服，名叫黄帝女魃。蚩尤率大军去攻伐黄帝，黄帝派出应龙到冀州的野外应战。应龙因为是行云布雨的神明，所以蓄积了大量的水，准备水攻蚩尤。蚩尤请来了风伯和雨师助战，风伯雨师便作起狂风暴雨，将应龙击败。黄帝见状，再派天女魃出战，魃止住了大风雨，击败风伯雨师，蚩尤也因此战败而被黄帝杀死。

注释

魃：又称旱魃，是一位能带来旱灾的神。她之所以能击败风伯雨师，正是因为自身这种克水、吸水，导致水分蒸发，带来旱灾的功能。

风伯：别名箕伯、飞廉。掌管风雨的风伯雨师在我国的神话体系中起源比较早，古代壁画、画像石中有其形象的留存。陕西何家村窖藏出土有唐代鎏金飞廉纹银盘，形象生动，华丽精美，纹饰中鸟身鹿头的飞廉就是风伯的形象之一。

菌狗

原文

又有青兽如菟，名曰菌狗。有翠鸟，有孔鸟。

南海之内，有衡山，有菌山，有桂山。有山名三天子之都。

译文

又有一种青色的动物，长得像兔子，名叫菌狗。与它共生的还有翠鸟和孔雀。

南海之内，还有衡山、菌山、桂山。还有一座名叫三天子之都的山。

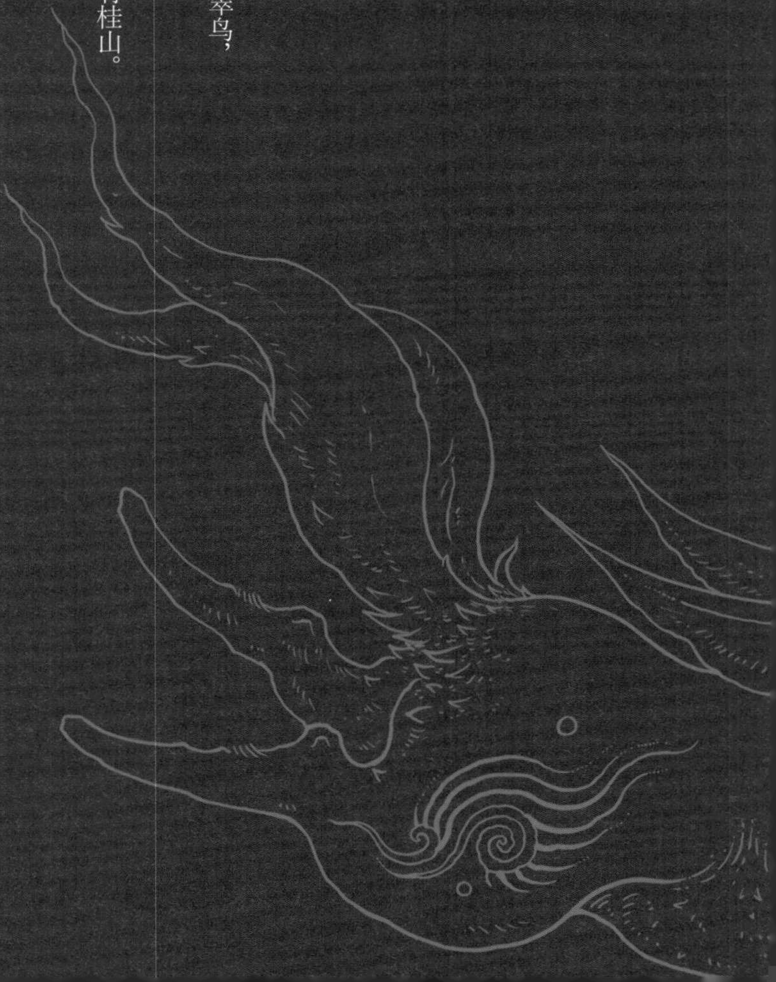

注释

菌（jūn）狗：“菌”同“菌”，菌狗类似《中山经》中的㚟，都长得像青色的兔子。《山海经》中提到“菌”的地方比较少，仅见菌人、菌狗、菌山等几处。

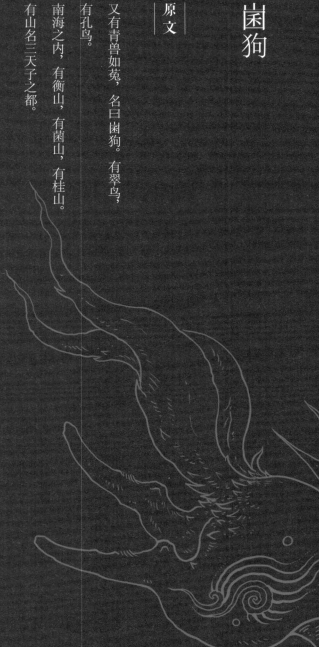

翳鸟

原文

北海之内，有蛇山者，蛇水出焉，东入于海。有五采之鸟，飞蔽一乡，名曰翳鸟。又有不距之山，巧倕葬其西。

译文

北海里有座山叫蛇山，蛇水从这座山发源，向东流入大海。此处有一种五彩斑斓的鸟，飞起来能遮蔽一乡之野的天空，名叫翳鸟。附近还有一座不距山，巧匠倕埋葬在这座山的西面。

注释

采：同彩，指彩色。

倕（ruì）：尧帝的臣子，是擅长制作弓、耒（lěi）、耜（sì）等各种工具的巧匠。

翳（yì）鸟：是凤凰的一种。翳，遮蔽、障蔽，也指用鸟羽制作的、起遮挡作用的华盖。《南山经》中对凤皇颜色的描述也是“五采”，形容羽毛颜色斑斓。“飞蔽一乡”可能指翳鸟的身躯庞大，也可能指这种鸟群飞时遮天蔽日。

蛇山

作者手记

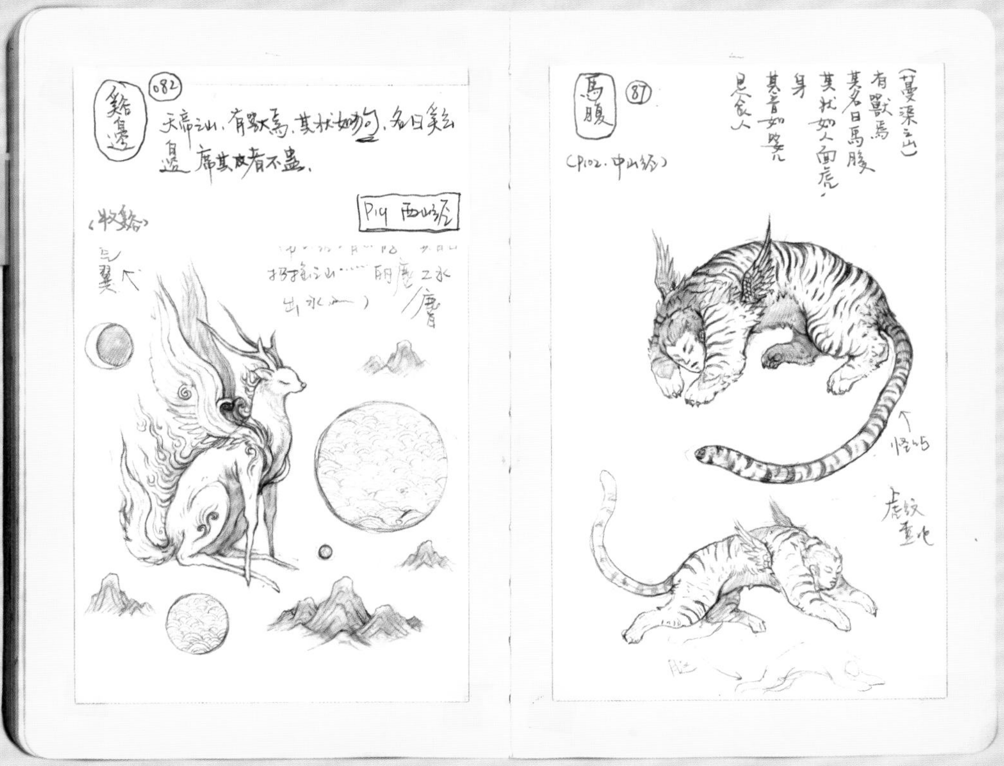
082
P.19 西山经
87
(P102.中山经)

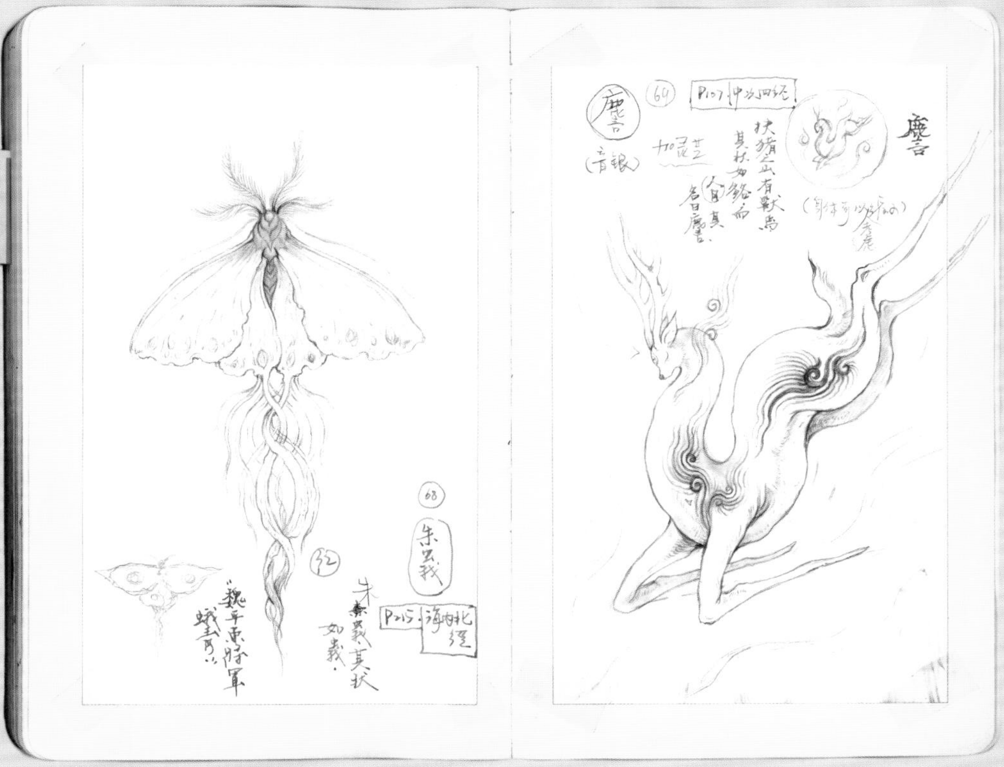
64
P.215 海内北经

玄豹
P141
P134

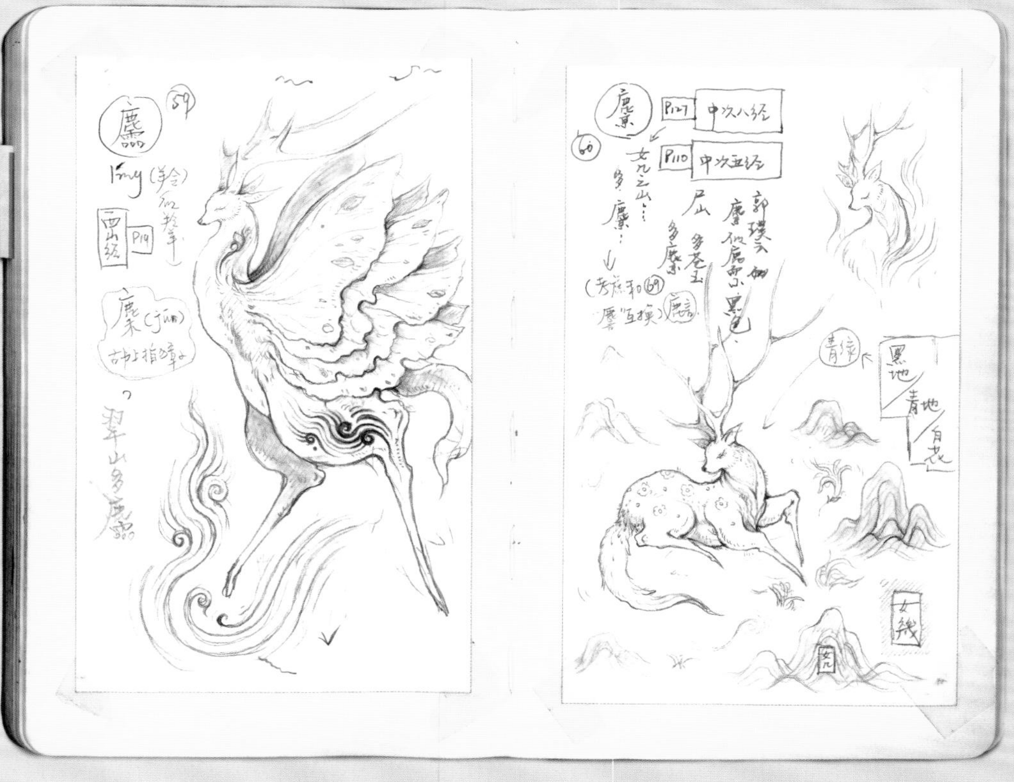
西山经
P19
P127
中次八经
P110
中次五经

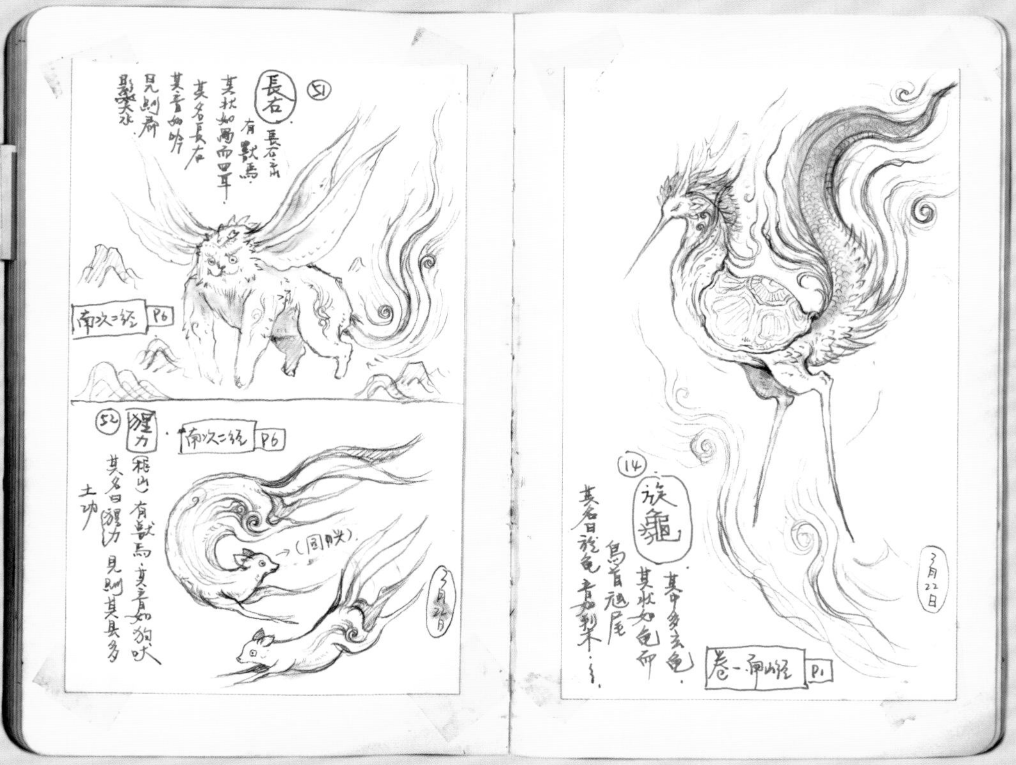

長右 (51)

長右之山 有獸焉 其狀如禺而四耳 其名長右 其音如吟 見則其郡縣大水

南次二經 P6

狸力 (52)·南次二經 P6

（柜山）有獸焉 其狀如豚 其音如狗吠 其名曰狸力 見則其縣多土功

2月初5日（同陝）

旋龜 (14)

其中多玄龜 其狀鳥首虺尾 其名曰旋龜 其音如判木……

卷一 南山經 P1

7月22日

麋

9麋 戒群

麋鹿 麋麇.

▲ 北山經〈3〉 又北泊里 曰神麇之山 其上有文石 其下有白蛇 有飛虫 黃水出焉 東流 注于邛澤 濩水出焉 而東流注于欽水.

同麇麋（都濱洲）

〈明清楮圖版可能 寫的也是"麋"〉

▲地名/國名

春秋時麋國之地 在今湖北夷陵.

〈958年十月湖北 發現虎青銅器〉

楚子伐麋 一左傳

春秋時楚邑 在今湖南岳陽東南.

〈今河北邯鄲峰 峰有神麇山〉

楚子使閰敖城麇 一左傳

麕鬻之會 麇子逃歸 一左傳 文十年 楚子代麇 敗麇師于防渚 一左傳 文十年

〈漢典〉

▲甲骨卜辭

戉卜 靜貞 我狩龜於 擒. 三日戊尋 允擒 獲麇一 麋 卌 狐二 兎十四 麇一白兎九…

一《合集》10198

昔有神鹿游於其上 遂云以為神麇山.

文字

〈故宫博物院院刊〉

《卜辭電地与 武丁時期的子 室田獵區》

甲骨圖.

辛頪溝意

（甲骨）（金）

（同甲〉

麇 麇

麇（小篆）（同甲）

◆青苔神鹿游於其上 遠之不見 世多以為神麇山.—磁州誌·清康熙.

麋 (75)

又北三百里 曰神麇之山 其上有文石. 其下有白蛇 有飛虫.

P6 北山經〈三〉

青苔神鹿游於其上 遠之不見 世多以為神麇山 —磁州誌·清康熙.

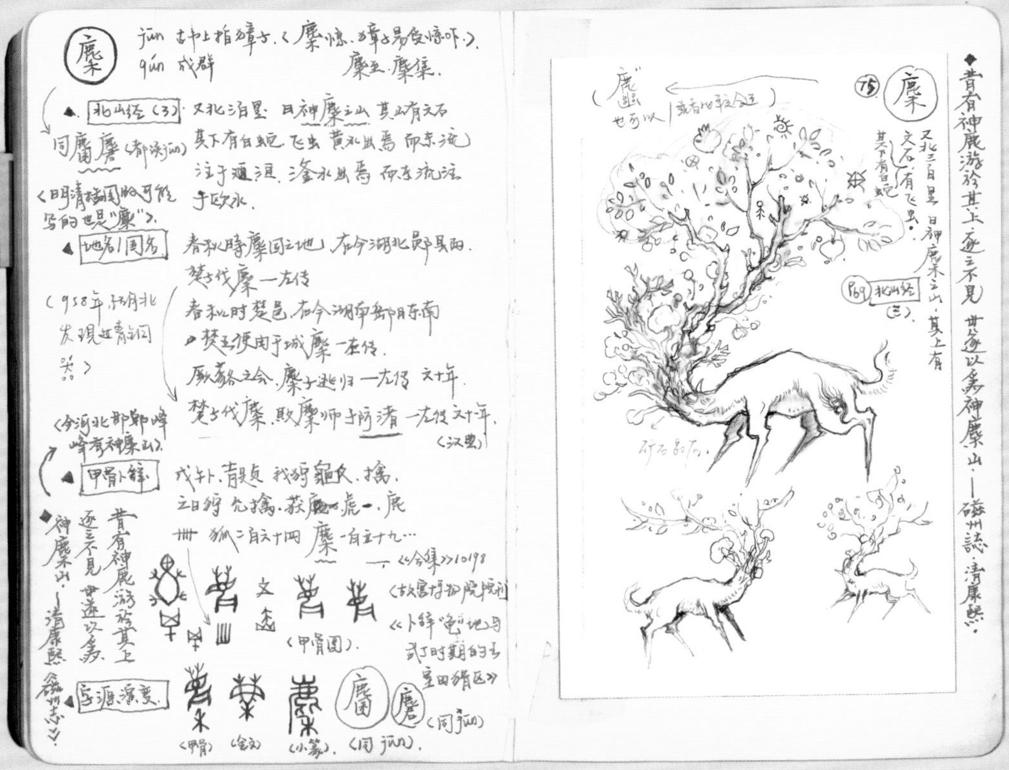